Veronika Pichl

MEAL PREP

zuckerfrei

Veronika Pichl

MEAL PREP
zuckerfrei

Gesunde Mahlzeiten
zum Vorbereiten
und Mitnehmen

riva

Bibliografische Information der Deutschen Nationalbibliothek
Die Deutsche Nationalbibliothek verzeichnet diese Publikation in der Deutschen Nationalbibliografie. Detaillierte bibliografische Daten sind im Internet über https://dnb.de abrufbar.

Für Fragen und Anregungen
info@m-vg.de

Wichtige Hinweise
Dieses Buch ist für Lernzwecke gedacht. Es stellt keinen Ersatz für eine individuelle medizinische Beratung dar und sollte auch nicht als solcher benutzt werden. Wenn Sie medizinischen Rat einholen wollen, konsultieren Sie bitte einen qualifizierten Arzt. Der Verlag und die Autorin haften für keine nachteiligen Auswirkungen, die in einem direkten oder indirekten Zusammenhang mit den Informationen stehen, die in diesem Buch enthalten sind.

Ausschließlich zum Zweck der besseren Lesbarkeit wurde auf eine genderspezifische Schreibweise sowie eine Mehrfachbezeichnung verzichtet. Alle personenbezogenen Bezeichnungen sind somit geschlechtsneutral zu verstehen.

Originalausgabe
2. Auflage 2025

Türkenstraße 89
80799 München
Tel.: 089 651285-0

Redaktion: Caroline Kazianka
Umschlaggestaltung: Pamela Machleidt
Umschlagabbildungen: Shutterstock.com: Vorderseite: Ekaterina Kondratova, Kiian Oksana, ILEISH ANNA; Rückseite: MShev, Irina Meliukh, OnlyZoia, Irina Rostokina
Satz: inpunkt[w]o, Haiger (www.inpunktwo.de)
Druck: Florjancic Tisk d.o.o., Slowenien
Printed in the EU

ISBN Print 978-3-7423-2009-4
ISBN E-Book (EPUB, Mobi) 978-3-7453-1757-2

INHALT

MIT MEAL PREP GESUND UND ZUCKERFREI ERNÄHREN

Bei vielen Menschen kommen eine gesunde Ernährung und ausgewogenes, frisches Kochen oft zu kurz. Wenn in der Mittagspause oder nach Feierabend der Magen knurrt, locken Kantine oder Imbiss mit schnellen Gerichten. Allerdings sind die angebotenen Snacks nicht immer die gesündeste Alternative, sondern enthalten oft viel Fett, unerwünschte Zusatzstoffe und versteckten Zucker. Wie praktisch wäre es da, eine eigene Mahlzeit dabeizuhaben oder auch nach Feierabend auf besonders schnelle, aber gesunde Gerichte zurückgreifen zu können? Kein Problem: Mit zuckerfreien, leckeren Rezepten, die sich einfach vorbereiten und mitnehmen lassen, wird gesundes Essen auch in der Mittagspause oder nach Feierabend problemlos zur Realität. Ein frisches, vorgekochtes Abendessen aus ausgewogenen Zutaten, eine gesunde Lunchbox oder ein schnelles »To go«-Gemüsegericht garantieren dabei, dass alle Mahlzeiten frei von Haushaltszucker, Geschmacksverstärkern und ungesunden Fetten sind. Gleichzeitig spenden gesunde Mahlzeiten für zwischendurch aber auch wertvolle Energie für den Tag und machen satt und zufrieden. Außerdem sparen Sie durch gute Planung und cleveres Vorbereiten jede Menge Zeit im Alltag.

Bewusster und unbewusster Zuckerkonsum

Wer sich ein kleines Stück Schokolade gönnen möchte, nimmt schnell – oft ganz unbeabsichtigt – noch ein weiteres Stückchen. Gerade süße Lebensmittel, die viel Zucker und Fett enthalten, sind leider besonders schmackhaft und wir greifen gern beherzt zu. Dass der übermäßige Süßigkeitenkonsum Diätpläne schnell zunichtemacht, ist jedoch hinlänglich bekannt. Deswegen verzichten viele Menschen im Rahmen einer gesunden Ernährung bzw. um ihre persönlichen Gewichtsziele zu erreichen, bewusst auf Süßigkeiten. Allerdings nehmen wir oft auch ganz unbewusst große Mengen Zucker zu uns. Der Grund dafür: Zucker steckt in vielen Nahrungsmitteln, insbesondere in Fertiggerichten oder industriell verarbeiteten Lebensmitteln. Ohne es wirklich wahrzunehmen, haben sich viele Menschen daher längst an einen hohen Zuckerkonsum gewöhnt.

Warum es sinnvoll ist, weniger Zucker zu konsumieren

Durch das Konsumieren von Einfachzucker steigt unser Blutzuckerspiegel rasant an und sinkt danach genauso rasch wieder ab. Das bewirkt, dass unser Körper signalisiert, dass neuer Zucker her muss, um den Organismus am Laufen zu halten. So kommt es, dass Zucker Lust auf noch mehr Zucker macht. Wir haben Heißhunger und nehmen viel mehr Energie auf, als wir verbrauchen können – und das macht sich im Endeffekt mit unerwünschten Speckröllchen bemerkbar.

Darüber hinaus trägt der ständige (oft unbewusste) Zuckerkonsum dazu bei, dass unser Insulinspiegel permanent erhöht ist. Auch das kann auf Dauer problematisch werden. Schließlich fördert ein chronisch erhöhter Insulinspiegel erwiesenermaßen Entzündungen und damit auch chronische Krankheiten.

Zuckerfrei genießen

Wer sich gesund und zuckerfrei ernähren möchte, muss auf Süßes jedoch nicht verzichten. Schließlich geht es bei zuckerfreiem Genuss nicht darum, alles wegzulassen, was süß schmeckt. Vielmehr ist entscheidend, Lebensmittel zu meiden, die unnötige Zuckerzusätze enthalten. Fertige Salate, Saucen, Fertiggerichte, tiefgefrorene Fleischgerichte und viele andere Lebensmittel weisen große Mengen an Zucker auf, obwohl sie nicht süß schmecken. Verzehren wir diese Lebensmittel, nehmen wir den zugesetzten Zucker völlig grundlos zu uns. Allerdings gibt es auch Lebensmittel, bei denen ein süßer Geschmack erwünscht ist. Desserts, Kuchen oder andere Süßigkeiten zählen dazu. Diese Lebensmittel darf selbstverständlich auch genießen, wer zuckerfrei lebt. Schließlich gibt es viele Zuckeraustauschstoffe und Süßungsmittel, die unseren Körper im Gegensatz zu »echtem« Zucker nicht schädigen. Hierzu zählen etwa:

- Trockenfrüchte (dosiert eingesetzt)
- süßes Obst und Gemüse
- Erythrit
- Xylit

Erythrit und Xylit sind »echtem« Zucker geschmacklich besonders ähnlich. Allerdings beeinflussen sie unseren Blutzuckerspiegel nicht. Das verhindert unter anderem, dass wir sofort nach dem Genuss der so gesüßten Lebensmittel übermäßige »Lust auf mehr« bekommen. Natürliche Süße aus Trockenfrüchten, Obst oder süßem Gemüse liefert viele Vitamine und gesunde Ballaststoffe. In den Meal-Prep-Rezepten wird auch Honig verwendet. Er hat einen ganz besonderen Eigengeschmack, besteht zu 80 Prozent aus Fruchtzucker, Traubenzucker, weiteren Zuckerarten und Wasser, weist aber im Unterschied zu Haushaltszucker einige Vitamine, Mineralstoffe und Enzyme auf.

Zuckerfrei? Dank Meal Prep kein Problem!

Zucker versteckt sich in vielen fertigen Lebensmitteln und ist oft gar nicht so leicht zu erkennen. Das hängt damit zusammen, dass er sich hinter vielen verschiedenen Namen verbirgt. Die verbreitetsten davon sind:

- Saccharose
- Dextrose
- Raffinose
- Glukose
- Fruktosesirup
- Fruktose-Glukose-Sirup
- Glukosesirup
- Glukose-Fruktose-Sirup
- Stärkesirup
- Karamellsirup
- Laktose
- Maltose
- Malzextrakt
- Gerstenmalzextrakt

Bereiten wir unsere Mahlzeiten selbst zu, können wir auch selbst darüber entscheiden, welche Lebensmittel wir verwenden und auf welche wir lieber verzichten.

Zuckerfrei leben? Meal Prep macht's möglich! Mit einer guten Vorbereitung gelingen die meisten Dinge besser, das trifft auch auf das Kochen zuckerfreier Gerichte zu. Bei Meal Prep geht es darum, Mahlzeiten für mehrere Tage im Voraus zu planen und vorzubereiten. Das hat gleich mehrere Vorteile:

- Werden Mahlzeiten und die entsprechende Einkaufsliste vorausgeplant, nimmt der Einkauf weniger Zeit in Anspruch. Außerdem fällt es leichter, nur die Lebensmittel einzukaufen, die wirklich gebraucht werden. Das spart Zeit und Geld.
- Die Gerichte werden für mehrere Tage vorgekocht, so müssen Sie mittags oder abends nach Feierabend weniger Zeit fürs Kochen aufwenden. Eine gesunde Mahlzeit steht ja schon bereit. Mit etwas Planung wird der Alltag so gleich viel entspannter.
- Meal Prep ist nicht nur zu Hause praktisch. Vielmehr können gesunde Gerichte auch so vorbereitet und portioniert werden, dass sie sich wunderbar zum Mitnehmen eignen. Damit verhelfen die gesunden »To go«-Gerichte auch in der Mittagspause, unterwegs oder in der Uni zu einer leckeren, zuckerfreien Mahlzeit.

Das hört sich alles sehr vielversprechend an? Doch wie funktioniert Meal Prep eigentlich in der Praxis?

UNSER MEAL-PREP-EINMALEINS

Meal Prep ist die ideale Methode, um einen gesunden, bewussten Ernährungsstil zu leben, und reduziert gleichzeitig Kochstress und Küchenchaos. Ein paar einfache Tipps erleichtern dabei den Einstieg. Doch keine Angst: Als Meal-Prep-Anfänger müssen Sie nicht etwa Unsummen in geeignete Gefäße, Boxen oder unbekannte Lebensmittel und Zutaten investieren. Am besten klappt der Start mit Meal Prep, wenn Sie das »Abenteuer« langsam und stressfrei angehen.

Mit Meal Prep durchstarten – so klappt's

Einen Meal-Prep-Tag auswählen

Es ist auf jeden Fall gerade am Anfang sinnvoll, einen Tag für die Essensvorbereitung auszuwählen, an dem etwas mehr Freizeit zur Verfügung steht. Viele Meal-Prep-Fans bevorzugen deshalb das Wochenende dafür. Nicht von Erfolg gekrönt ist meist der Versuch, Meal Prep an einem stressigen Arbeitstag in den ohnehin schon vollen Zeitplan zu »quetschen«. Das wirkt oft demotivierend und lässt die Kochlust schnell schwinden. Besser ist es daher, ein oder zwei entspanntere Tage auszuwählen. In unseren Wochenplänen wird am Samstag eingekauft und am Sonntag gepreppt. Sie können das natürlich an Ihre eigenen Bedürfnisse anpassen.

Verantwortungsvolles Einkaufen

Mit den Bedarfslisten der Wochenpläne unterstützen wir Sie dabei, nicht einfach irgendetwas zu kaufen und viel verantwortungsvoller mit Nahrungsmitteln umzugehen. Schließlich gilt: Landet nur das im Korb, was auch wirklich gegessen wird, müssen später weniger bzw. keine Lebensmittel weggeworfen werden.
Die meisten Meal-Prep-Lebensmittel bekommen Sie einfach und unkompliziert im Supermarkt. Auch auf einem Wochenmarkt lassen sich in dem frischen regionalen Obst- und Gemüseangebot viele tolle Meal-Prep-Zutaten finden. Vorbeischauen lohnt sich deshalb auch hier.

Gut geeignet sind hierfür Gefäße aus Glas, da sie weder im Kühlschrank noch in der Mikrowelle Schaden nehmen. Allerdings sind sie aufgrund ihres Eigengewichts und der durchaus vorhandenen Bruchgefahr nicht unbedingt ideal für den Transport. Wer seine vorbereiteten Mahlzeiten also öfter auch unterwegs genießen möchte, sollte besser auf tiefkühl- und mikrowellengeeignete Plastikgefäße setzen.

Die passenden Meal-Prep-Boxen

Klar, wer mit Meal Prep startet, braucht zu Beginn kein umfangreiches Sammelsurium an Behältern und Gefäßen. Wer den Spaß am Vorbereiten aber erst einmal entdeckt hat, wird die praktischen Vorteile passender Boxen, Dosen und Gläser schnell nicht mehr missen wollen – die machen das Ganze nämlich noch mal komfortabler!

Obwohl am Anfang eine klassische Lunchbox aus Plastik oder sogar ein ausgedienter Speiseeisbehälter völlig ausreichend ist, um Mahlzeiten portioniert aufzubewahren, sind mikrowellengeeignete Gefäße, die sich bestenfalls auch noch platzsparend in Kühlschrank oder Tiefkühler stapeln lassen, natürlich besser und praktischer.

Übrigens: Für Meal-Prep-Profis gibt es auch spezielle Boxen, in denen verschiedene Lebensmittel in getrennten Fächern aufbewahrt werden. So kann man beispielsweise Salat und Putenbrust erst dann mischen, wenn man das Gericht auch verzehren möchte.

Tipp: Auch Silikon-Muffinförmchen eignen sich sehr gut zum Abtrennen von verschiedenen Gerichtskomponenten.

Selbstverständlich muss es nicht immer gleich eine Profi-Box sein – sinnvoll ist es aber auf jeden Fall, zusätzlich kleine Boxen oder verschließbare Glasgefäße griffbereit zu haben, um beispielsweise Dressing oder Saucen getrennt von anderen Zutaten aufbewahren oder mitnehmen zu können.

Richtig aufbewahren

Natürlich sind auch Meal-Prep-Gerichte nicht ewig haltbar. Gut gekühlt können die zubereiteten Mahlzeiten aber meist einige Tage aufbewahrt werden.

Sie sollten jedoch unbedingt darauf achten, Lebensmittel nicht zu lange im Warmen stehen zu lassen und sie möglichst bald nach der Zubereitung (wichtig: vorher komplett auskühlen lassen) im Kühlschrank zu lagern – so haben Schimmel und Krankheitserreger kaum Chancen.

Als Regel gilt: Gerichte aus gekochten oder gebratenen Lebensmitteln können meist problemlos drei bis vier Tage im Kühlschrank aufbewahrt werden (Ausnahme: Fisch!). Für eine noch längere Haltbarkeit empfiehlt es sich, sie einzufrieren. Gerichte aus frischen, rohen Lebensmitteln sollten hingegen zeitnah innerhalb von zwei bis drei Tagen nach ihrer Zubereitung verzehrt werden. Zum Einfrieren sind diese Gerichte meist weniger gut geeignet.

Besonders gut einfrieren lassen sich:

- Fleisch
- Eintöpfe und Aufläufe
- Brot
- Reis
- Früchte und Gemüse: Bananen, Beeren, Spargel, Bohnen, Mais und Tomaten
- Früchte und Gemüse (am besten in Stücken): Avocado, Ananas, Mango, Erbsen, Karotten, Blumenkohl und Brokkoli
- Kräuter

Weniger gut einfrieren lassen sich:

- Milchprodukte
- gekochte, nicht pürierte Kartoffeln
- Früchte und Gemüse mit hohem Wasseranteil

Was hält sich wie lange?

Die folgende Tabelle gibt Ihnen einen Anhaltspunkt dafür, wie lange Sie vorbereitete Speisen im Kühlschrank oder in der Tiefkühltruhe aufbewahren können.

Lebensmittel	Hält sich im Kühlschrank für ...	Hält sich im Gefrierfach für ...
Gekochte/gebratene Fleischprodukte	3–5 Tage	4–6 Monate
Eintöpfe oder Suppen	3–4 Tage	2–3 Monate
Gekochte/gebratene Geflügelprodukte	3–4 Tage	4–6 Monate
Gekochte/gebratene Fischgerichte	1–2 Tage	4–6 Monate
Hart gekochte Eier	1–2 Wochen	Einfrieren nicht empfohlen
Brot/Brötchen		4–6 Monate

Diese Tabelle enthält Richtwerte, die variieren können. Gerade beim Einfrieren ist es gut möglich, dass sich das Gericht noch viel länger hält. Allerdings kann es durch eine lange Gefrierzeit eventuell etwas an Geschmack verlieren.

Tipps zum Einfrieren

- Mahlzeiten, die im Ofen zubereitet werden, frieren Sie am besten in Glas- oder Aluminiumbehältern ein, so können sie vom Gefrierfach direkt in den Ofen wandern.
- Soll etwas nur kurze Zeit eingefroren werden, können Sie es auch in Plastikfolie verpacken.

- Mahlzeiten, die für längere Zeit eingefroren werden sollen, sind am besten in Alufolie oder speziellen Gefrierbeuteln aufgehoben.
- Lagern Sie frische Gerichte im hinteren Teil des Gefrierfachs – so rücken ältere Gerichte nach vorne und geraten nicht in Vergessenheit.
- Die vorbereitete Mahlzeit mit Einfrierdatum und Inhalt beschriften, z. B. mithilfe von abziehbaren Etiketten – so ist immer klar, was in dem Behälter oder Beutel steckt, und die maximale Einfrierdauer wird nicht überschritten.
- Warme Speisen vor dem Einfrieren erst vollständig abkühlen lassen.
- Frieren Sie Speisen vorzugsweise bereits portioniert ein; so können Sie dann nur das auftauen, was Sie brauchen.

Tipps zum Auftauen

- Gefrorene Gerichte, die im Topf zubereitet werden, antauen lassen. So passt die Portion besser in den Topf und gart gleichmäßig.
- Gerichte, die im Ofen zubereitet werden, müssen nicht zwingend aufgetaut werden, bevor sie in den Ofen wandern. Zur Sicherheit sollte der Garprozess jedoch beobachtet und die Garzeit eventuell entsprechend verlängert werden.
- Gefrorene Lebensmittel nicht bei Zimmertemperatur, sondern über Nacht im Kühlschrank oder alternativ in der Mikrowelle auftauen lassen.

Extratipp:
Avocadohälften aufbewahren

Wenn eine Avocadohälfte nicht verwendet wird, bewahren Sie diese am besten auf, ohne den Kern zu entfernen. Träufeln Sie noch etwas Zitronensaft über das Fruchtfleisch, bedecken Sie die Avocado mit Frischhaltefolie und lagern Sie sie im Kühlschrank.

Auf das Schichten kommt es an!

Wer frisches Obst und Gemüse verarbeitet, sollte beim Portionieren im Glas oder in der Box anders vorgehen als beim Anrichten auf dem Teller! Ansonsten wird das Gericht schnell matschig und unansehnlich. Deshalb gilt: Das Dressing kommt grundsätzlich ganz nach unten. Dann dürfen Zutaten hinein, die wenig Flüssigkeit abgeben (Kartoffeln, Hülsenfrüchte). Erst danach folgen frisches Obst, Gemüse oder Salat.

Die Zusammenstellung der Mahlzeiten

Jeder hat natürlich andere Ernährungsziele. Sportler wollen sich möglicherweise sehr proteinreich oder auch kohlenhydratreich ernähren – beim Abnehmen liegt der Fokus eher auf der Menge an Kalorien oder Kohlenhydraten. Flexitarier essen hauptsächlich vegetarisch und nur sehr wenig und bewusst Fleisch und Fisch.

Hier finden Sie einen groben Überblick über Meal-Prep-Nahrungsmittel für eine ausgewogene Ernährung mit den drei Makronährstoffen Protein, Kohlenhydrate und Fette. Daraus lassen sich vielfältige Kombinationen passend zu Ihrem persönlichen Ernährungsziel zusammenstellen.

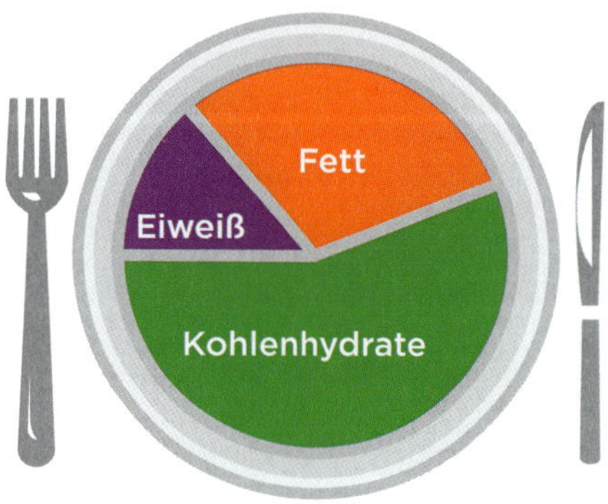

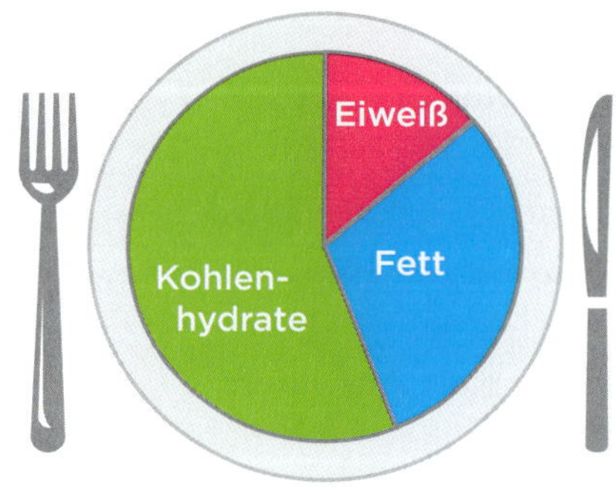

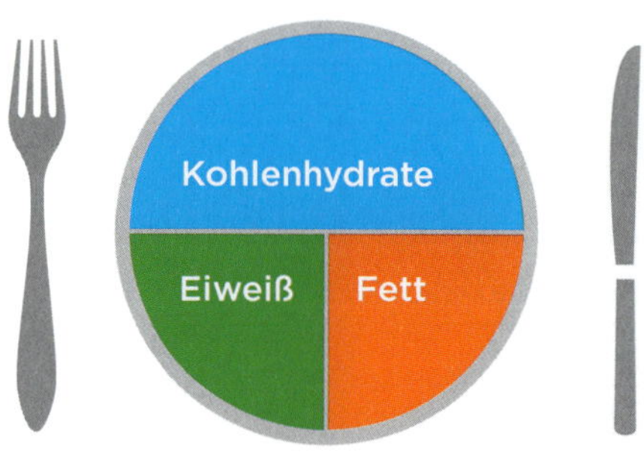

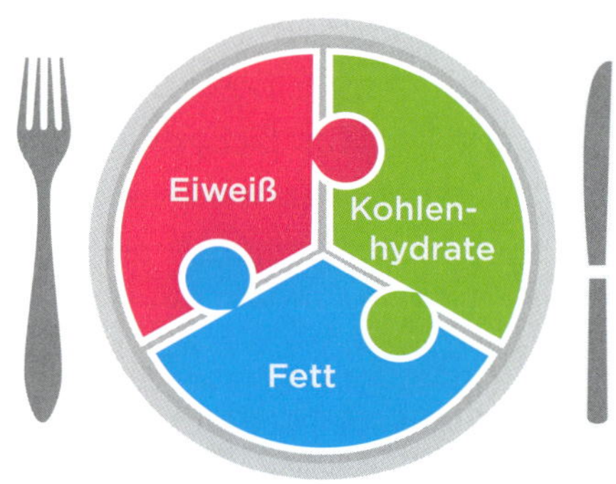

Protein

von Tieren:

- Fleisch (Schwein, Rind, Pute, Hähnchen)
- Wurst (Schinken …)
- Fisch (Lachs, Thunfisch, Seelachs …)
- Krabben, Shrimps
- Eier
- Milchprodukte (Milch, Quark, Käse, Feta)

von Pflanzen:

- Bohnen (Kidney-, weiße Bohnen)
- Tofu
- Tempeh

Kohlenhydrate

Getreide:

- Mehl (Dinkel, Weizen ...)
- Brot, Semmeln
- Haferflocken
- Couscous, Bulgur
- Reis
- Nudeln

Alle Getreideprodukte möglichst als Vollkornprodukt verwenden. Enthält viele Ballaststoffe und sättigt dadurch länger.

Pseudogetreide:

- Buchweizen, Quinoa, Amarant

Obst und Gemüse

Gesunde Fette

- Öle (Kokosöl, Olivenöl ...)
- Nüsse, Kerne und Saaten (Mandeln, Erdnüsse, Kürbiskerne, Sonnenblumenkerne ...)
- Nussbutter und -mus (Mandelmus, Erdnussbutter …)
- Nussmilch
- Avocado, Oliven
- Eigelb
- Käse

PRAXISTEIL: JETZT GEHT'S LOS!

In diesem Abschnitt gebe ich Ihnen noch einige Praxistipps mit auf den Weg und zeige Ihnen dann in abwechslungsreichen Wochenplänen, wie lecker und einfach das zuckerfreie Meal Prep sein kann.

Tipps für Meal Prep in der Praxis

Grundzutaten auf Vorrat

Einige Grundzutaten sollten Sie immer in Ihrer Küche vorrätig haben:

- Gewürze nach Belieben wie Salz, Pfeffer, Paprikapulver, Chilipulver oder -flocken, Currypulver, Zimt
- getrocknete Kräuter nach Belieben wie Kräuter der Provence, Oregano, Basilikum, Rosmarin
- Essig oder Apfelessig
- Öl, z. B. Olivenöl, Kokosöl
- Süßungsmittel nach Wahl, z. B. Honig, Agavendicksaft, Xylit, Erythrit
- Backpulver
- Vanillepulver

Behälter und Aufbewahrung

Machen Sie sich schon vorab Gedanken darüber, in welche Behälter Sie die Speisen füllen möchten. Sorgen Sie dafür, dass Einmachgläser und andere Küchenbehälter keine Rückstände enthalten, denn dadurch können heiß abgefüllte Speisen schneller verderben. Legen und stellen Sie sich Gefrierbeutel, Küchenbehälter, Gläser etc. griffbereit zurecht.

Kühlschrank oder Gefrierfach

Bitte beachten Sie die generellen Hinweise zur Aufbewahrung in Kühlschrank und Gefrierfach auf S. 16. Bei jedem Rezept finden Sie auch noch die jeweils empfohlene Lagerfähigkeit. Überlegen Sie sich anhand des Plans, was Sie als Erstes essen möchten und darum nur im Kühlschrank lagern müssen und was Sie in die Gefriertruhe (falls vorhanden) geben sollten. Mit einem Gefrierfach kann man fünf Tage Meal Prep besser abdecken, Geschmack und Frische bleiben hier intensiver erhalten.

Wochenplanung im Griff

Machen Sie sich in Ihrem Kalender eine kurze Notiz, wann Sie z. B. eine Mahlzeit zum Auftauen aus dem Gefrierfach nehmen oder die Overnight Oats für den nächsten Tag ansetzen sollten. So sind Sie immer gut organisiert! Die Wochenplan-Übersichten geben Ihnen Auskunft darüber, falls noch ein paar Handgriffe zu erledigen sind.

Meal-Prep-Wochenpläne

Am Meal-Prep-Tag werden je **3 Mahlzeiten für 5 Tage in der Woche mit durchschnittlich um die 1400 kcal** zubereitet. Damit ist eine stressige 5-Tage-Arbeitswoche gut abgedeckt. Unter der Woche müssen Sie dann nicht mehr unter Zeitdruck kochen und haben zudem eine genaue Kontrolle über die Kalorienzufuhr. Tag 6 und 7 sind nicht verplant, da können Sie z. B. am Wochenende, frisch kochen bzw. auch mal auswärts essen gehen.
Die Bedarfslisten zeigen Ihnen genau, was Sie für die Woche benötigen. Mit den detaillierten Ablaufplänen ist der Meal-Prep-Tag ganz einfach auszuführen. Sie bekommen so einen Blick für das Wesentliche, beispielsweise, welche Vorbereitungen Sie zusammenlegen können, etwa Reis oder Quinoa kochen, während Sie die Frühstücksmuffins vorbereiten und im Ofen backen. Danach sollten Sie in der Lage sein, auch selbstständig mit den Rezepten aus diesem Buch neue Pläne zusammenzustellen. Dabei hilft Ihnen die Rezeptübersicht mit Kalorien am Ende des Praxisteils (ab S. 148). Unter **https://meal-prep-zuckerfrei.de** finden Sie als Ergänzung eine Wochenplan-Vorlage zum Ausfüllen für eigene Zusammenstellungen und zwei weitere Bonuspläne zu den Rezepten aus diesem Buch.

Die Mahlzeiten sind stets abwechslungsreich geplant. Unter der Woche sind dann meist nur noch ein paar letzte Handgriffe nötig, etwa eine Banane für das Granola klein schneiden oder das Erwärmen der Mahlzeit.

Was nicht passt, wird passend gemacht
Unter den Rezepten finden Sie oft Tipps und Variationsmöglichkeiten. So können Sie die Mahlzeit Ihrem persönlichen Geschmack anpassen oder einfach mal etwas Neues ausprobieren!

Sie benötigen eine höhere Kalorienzufuhr oder haben noch Hunger?
Die Pläne sind auf etwa 1400 kcal tägliche Kalorienzufuhr ausgelegt. Haben Sie ein höheres Kalorienziel bzw. haben Sie noch Hunger zwischendurch? Dann können Sie sich von unseren Snack- und Rezeptideen ab S. 146 inspirieren lassen oder extra Mahlzeiten anhand der Rezeptliste mit Nährwerten (S. 148) hinzufügen.
Ich wünsche Ihnen viel Spaß beim Nachkochen der folgenden Pläne und viel Freude beim Meal Prepping mit unseren zuckerfreien Rezepten!

Zum Umgang mit diesem Buch

Beim Meal Prepping sind der Fantasie keine Grenzen gesetzt. Probieren Sie einfach etwas aus und entdecken Sie so Ihre persönlichen Lieblingsgerichte.
Zu jedem Rezept finden Sie Tipps zu Aufbewahrung und Kombinationen sowie die Angabe der Nährwerte:

- kcal steht für Kilokalorien,
- KH für Kohlenhydrate,
- P für Protein,
- F für Fett.

Im Praxisteil erwarten Sie unterschiedliche Meal-Prep-Pläne zum Nachmachen und als Anregung für eigene Zusammenstellungen.

Außerdem sind die Rezepte verschiedenen Kategorien zugeordnet, damit Sie immer sofort erkennen können, welches Gericht mit Fisch, Fleisch, vegetarisch, vegan oder glutenfrei ist. Mit den folgenden Symbolen sind sie übersichtlich gekennzeichnet:

Mit Fisch
Mit Fleisch
vegetarisch
vegan
glutenfrei

Glutenfrei: Bitte achten Sie bei Ihren Produkten immer auf das Etikett, besonders bei Schokolade, Käse, Gemüsebrühe, Kakaopulver, Gewürzen etc. Auch wenn diese Zutaten meist frei von Gluten sind, können von den Herstellern bestimmte Zusätze verwendet werden, die nicht glutenfrei sind.

Vegetarisch: Parmesan ist streng genommen nicht vegetarisch, da er aus tierischem Lab gewonnen wird. Die Rezepte auf S. 52, S. 54, S. 60 und S. 112, in denen Parmesan verwendet wird, sind als vegetarisch gekennzeichnet – wer auf diesen verzichten möchte, lässt ihn einfach weg oder ersetzt ihn durch eine vegetarische oder vegane Alternative.

WOCHENPLAN 1

Samstag Einkauf der Lebensmittel nach Bedarfsliste (S. 25)
Sonntag Meal-Prep-Tag

	Frühstück	Mittagessen	Abendessen
Montag	2 **Apfel-Muffins (S. 28)**	1 Portion **Tomate-Mozzarella-Nudel-Salat (S. 32)**	1 Portion **Apfel-Quark-Küchlein (S. 36)**

1471 kcal	370 kcal	658 kcal	443 kcal
Dienstag	2 **Apfel-Muffins (S. 28)**	320 g gegarte Nudeln, z. B. Spirelli (ca. 140 g trocken), 2 Portionen **Tomatensauce (S. 39)**	**Grüne Obst-Snack-Box (S. 30)**

1317 kcal	370 kcal	510 kcal	158 kcal
			+ 200 g Griechischer Sahnejoghurt Natur (10 % Fett) mit 1 TL Honig verrührt
			279 kcal

Mittwoch	2 **Apfel-Muffins (S. 28)**	1 Portion **Hackbällchen vom Blech (S. 38)**, 2 Portionen **Tomatensauce (S. 39)**	1 Portion **Tomate--Mozzarella-Quinoa-Salat (S. 34)**

1400 kcal	370 kcal	414 kcal + 1 Vollkornbrötchen 128 kcal	488 kcal
Donnerstag	**Grüne Obst-Snack-Box (S. 30)**	1 Portion **Hackbällchen-Quinoa-Bowl mit Gemüse (S. 40)**	1 Portion **Apfel-Quark-Küchlein (S. 36)**

1507 kcal	158 kcal + 200 g Griechischer Sahnejoghurt Natur (10 % Fett) mit 1 TL Honig verrührt 279 kcal	627 kcal	443 kcal
Freitag	2 **Apfel-Muffins (S. 28)**	1 Portion **Hackbällchen vom Blech (S. 38)**, 1 Portion **Tomatensauce (S. 39)**, 1 Baguette-Brötchen	1 Portion **Gurkensalat (S. 42);** 1 Vollkornbrötchen, bestrichen mit 1 TL Butter, belegt mit 100 g gekochtem Schinken

1408 kcal	370 kcal	539 kcal	499 kcal

Hinweise zu Wochenplan 1:

Für die Gerichte der Woche werden am Meal-Prep-Tag (siehe ab S. 26) gekocht:

- 250 g Nudeln, z. B. Spirelli (ergeben ca. 570 g gegarte Nudeln) – für Montag und Mittwoch Mittagessen.
- 100 g bunte Quinoa (ergeben ca. 320 g gegarte Quinoa) – für Mittwoch Abendessen und Donnerstag Mittagessen

BEDARFSLISTE

- ☐ 2 Äpfel, z. B. Elstar oder Granny Smith
- ☐ 3 Granny-Smith-Äpfel
- ☐ 200 g helle Weintrauben
- ☐ 1 Karotte
- ☐ 210 g Kirschtomaten
- ☐ 480 g Salatgurke
- ☐ 1 rote Zwiebel
- ☐ 1 Knoblauchzehe
- ☐ 2 Stängel frische Petersilie oder 1 EL TK-Petersilie, gehackt
- ☐ 300 g Hackfleisch, z. B. vom Rind
- ☐ 100 g gekochter Schinken
- ☐ 1 Baguette-Brötchen
- ☐ 2 Vollkornbrötchen
- ☐ 1 Packung Mini-Mozzarella (125 g)
- ☐ 450 g Magerquark (0,2 % Fett)
- ☐ 400 g Griechischer Sahnejoghurt Natur (10 % Fett)
- ☐ 50 g + 1 TL Butter
- ☐ 150 ml + 2 EL Milch (1,5 % Fett) oder ungesüßte Mandelmilch
- ☐ 4 Eier
- ☐ 500 g passierte Tomaten
- ☐ 400 g gehackte Tomaten in Tomatensaft aus der Dose
- ☐ 100 g + 1 TL Tomatenmark
- ☐ 1 TL mittelscharfer Senf
- ☐ 250 g Nudeln, z. B. Spirelli (ergeben ca. 570 g gekocht)
- ☐ 100 g bunte Quinoa (ergeben ca. 320 g gekocht)
- ☐ 210 g Mehl, z. B. Dinkelmehl
- ☐ 100 g Haferflocken
- ☐ 1 TL Kürbiskerne
- ☐ Sesamsamen zum Bestreuen (optional)
- ☐ 1 TL Rosinen (optional)
- ☐ 2 ½ TL Backpulver
- ☐ ½ TL Zimt
- ☐ 2 Prisen Vanillepulver
- ☐ 3 EL + 20 g + 1 Prise Erythrit oder entsprechende Menge Süßstoff
- ☐ 2 TL Honig
- ☐ Salz, Pfeffer
- ☐ 1 geh. EL getrockneter Oregano
- ☐ 1 Msp. getrockneter oder ½ TL frischer bzw. TK-Dill
- ☐ 1 TL getrocknete Kräuter, z. B. Basilikum oder Petersilie
- ☐ Paprikapulver edelsüß
- ☐ 6 EL Essig, z. B. Balsamico bianco
- ☐ 2 EL + 2 TL Zitronensaft
- ☐ 2 TL Öl, z. B. Kokosöl oder Olivenöl
- ☐ 5 EL Öl, z. B. Olivenöl

MEAL-PREP-TAG IM ZEITLICHEN ÜBERBLICK

Meal-Prep-Zeit für Wochenplan 1: ca. 1 Stunde 45 Minuten (ohne Abkühlzeit)

Vorbereitende Arbeiten:
Die Vorbereitung ist für alle gedacht, die den gesamten Wochenplan so übernehmen möchten. Die hier genannten Verarbeitungsschritte werden auch in den jeweiligen Rezepten beschrieben, sodass Sie bei Bedarf jedes Gericht außerhalb Ihres Ernährungsplans kochen und eigene Wochenpläne zusammenstellen können.

5 Minuten
Obst und Gemüse waschen und abtrocknen.
Frische Kräuter waschen und trocken schütteln.

Diese Arbeiten werden parallel ausgeführt:

35 Minuten **Apfel-Muffins (S. 28)** zubereiten, 20–25 Minuten bei 170 °C Umluft im Ofen backen.	100 g Quinoa durchspülen, abseihen und nach Packungsanleitung zubereiten (ergibt ca. 320 g gegarte Quinoa).	250 g Nudeln nach Packungsanleitung zubereiten (ergeben ca. 570 g gegarte Nudeln).
35 Minuten **Hackbällchen vom Blech (S. 38)** zubereiten, 25–30 Minuten bei 170 °C Umluft im Ofen backen.	**Apfel-Quark-Küchlein (S. 36)** in der Pfanne herausbacken. **Tomatensauce (S. 39)** zubereiten.	Mozzarella-Minis abtropfen lassen.
15 Minuten **Kräuter-Vinaigrette (S. 31)** mixen. **Gurkensalat (S. 42)** zubereiten. Kirschtomaten halbieren.		

Alle zubereiteten Speisen abkühlen lassen!

15 Minuten
Portionieren der Gerichte:
Folgende Gerichte bereits portionsweise in Behältern zusammenstellen (bitte beachten Sie dazu die Bilder von Wochenplan 1 ab S. 23) und in den Kühlschrank stellen oder einfrieren (bitte beachten Sie die Hinweise zu den Aufbewahrungsmöglichkeiten bei den einzelnen Rezepten):

- **Für Montag, Mittagessen**: Tomate-Mozzarella-Nudelsalat (S. 32) ohne Dressing zusammenstellen.

- **Für Dienstag, Mittagessen**: 320 g gegarte Nudeln in einen Behälter geben.

- **Für Dienstag, Abendessen, und Donnerstag, Frühstück:** Grüne Obst-Snack-Boxen (S. 30) zusammenstellen.

- **Für Mittwoch, Abendessen**: Tomate-Mozzarella-Quinoa-Salat (S. 34) ohne Dressing vorbereiten.

- **Für Donnerstag, Mittagessen**: Hackbällchen-Quinoa-Bowl mit Gemüse (S. 40) ohne Dressing zusammenstellen.

Nun alle zubereiteten Speisen in Behälter verpacken und in den Kühlschrank oder, falls gefriergeeignet, in den Gefrierschrank geben (für die Gerichte ab Tag 3 bei gefriergeeigneten Mahlzeiten empfohlen).

Apfel-Muffins

Für 8 Stück
Pro Stück:
185 kcal / 22,8 g KH / 7,8 g P / 6,9 g F

150 g Mehl, z. B. Dinkelmehl
50 g zarte Haferflocken
1 ½ TL Backpulver
½ TL Zimt
1 Prise Vanillepulver
1 Prise Salz
3 EL Erythrit oder entsprechende Menge Süßstoff
1 Ei
200 g Magerquark (0,2 % Fett)
50 g Butter
150 ml Milch (1,5 % Fett) oder ungesüßte Mandelmilch
1 Apfel, z. B. Granny Smith
1 TL Rosinen (optional)
etwas Fett für die Form

1. Backofen auf 170 °C Umluft vorheizen.
2. Trockene Zutaten in einer Schüssel vermischen.
3. Ei, Magerquark, Butter und Milch hinzufügen und mit dem Handmixer cremig verrühren.
4. Apfel waschen, schälen, entkernen und in Würfel schneiden.
5. Apfelstücke und Rosinen unter den Teig heben und die Masse in 8 gefettete Muffinformen verteilen.
6. Muffins im Ofen 20–25 Minuten backen.

Tipps und Aufbewahrung:

Im Kühlschrank bis zu 7 Tage haltbar. Vielfältig verwendbar, z. B. als Frühstücksmuffins, aber auch als süßer Snack zum Nachmittagskaffee.
Schmeckt sehr gut mit etwas Marmelade bestrichen (z. B. Erdbeer-Chia-Marmelade, S. 50) oder süßem Quark (100 g Magerquark, 1 TL Mineralwasser, 1 Prise Vanillepulver, ½ TL Erythrit).

Folgende Mahlzeiten werden damit erstellt (siehe Wochenplan 1 ab S. 23):
Montag, Dienstag, Mittwoch und Freitag, Frühstück ▶ 2 Apfel-Muffins

Grüne Obst-Snack-Box

Für 2 Portionen
Pro Portion:
158 kcal / 39,2 g KH / 1,1 g P / 0,6 g F

2 Granny-Smith-Äpfel
200 g helle Weintrauben
2 TL Zitronensaft

1. Äpfel und Weintrauben waschen und abtrocknen.
2. Äpfel entkernen, in Spalten schneiden und jeweils mit 1 TL Zitronensaft beträufeln, um Verfärbungen zu vermeiden.
3. Auf 2 Behälter verteilen.

Tipps und Aufbewahrung:

Im Kühlschrank bis zu 5 Tage haltbar. Mindestens 20 Minuten vor dem Verzehr aus dem Kühlschrank nehmen.

▶ **Grüne Obst-Snack-Boxen sind für folgende Mahlzeiten geplant (siehe Wochenplan 1 ab S. 23):** Dienstag, Abendessen, und Donnerstag, Frühstück

Kräuter-Vinaigrette

Für 4 Portionen
Pro Portion:
116 kcal / 2,3 g KH / 0,2 g P / 11,5 g F

- 6 EL Essig, z. B. Balsamico bianco
- 2 EL Zitronensaft
- 1 EL Wasser
- 5 EL Öl, z. B. Olivenöl
- 1 TL getr. Kräuter, z. B. Basilikum oder Petersilie
- 1 Prise Erythrit

Alle Zutaten gut in einer Schüssel vermischen.

Tipps und Aufbewahrung:

Dressing in ein Schraubglas füllen und dieses verschließen. Hält sich 1–2 Wochen im Kühlschrank. Ideal auch für die Vorbereitung auf Vorrat in größeren Mengen. Vor dem Ausgießen immer gut durchschütteln. Mit einem sauberen Löffel entnehmen oder ausgießen.

Folgende Mahlzeiten werden damit erstellt (siehe Wochenplan 1 ab S. 23):
Montag, Mittagessen ▶ **1 Portion Tomate-Mozzarella-Nudel-Salat (S. 32)**
Mittwoch, Abendessen ▶ **1 Portion Tomate-Mozzarella-Quinoa-Salat (S. 34)**
Donnerstag, Mittagessen ▶ **1 Portion Hackbällchen-Quinoa-Bowl mit Gemüse (S. 40)**
Freitag, Abendessen ▶ **1 Portion Gurkensalat (S. 42)**

Tomate-Mozzarella-Nudel-Salat

Für 1 Portion
Pro Portion:
658 kcal / 78,7 g KH / 24,2 g P / 25,9 g F

250 g gegarte Nudeln, z. B. Spirelli (ca. 110 g trocken)
½ Packung Mini-Mozzarella (62,5 g)
⅓ rote Zwiebel
80 g Kirschtomaten
1 Portion *Kräuter-Vinaigrette (S. 31)*

1. Nudeln nach Packungsanleitung in einem Topf mit Salzwasser garen, durch ein Sieb abseihen und abkühlen lassen.
2. Mozzarella abtropfen lassen.
3. Zwiebel abziehen und in feine Scheiben oder Würfel schneiden.
4. Tomaten waschen, abtrocknen und halbieren.
5. Alle Zutaten in einen Behälter geben und vermischen. Das Dressing erst kurz vor dem Verzehr über den Nudelsalat geben.

Tipps und Aufbewahrung:

Im Kühlschrank lagern (ohne Dressing) und innerhalb von 3 Tagen verzehren.

► **Tomate-Mozzarella-Nudel-Salat ist am Montag als Mittagessen geplant (siehe Wochenplan 1, S. 23).**

Tomate-Mozzarella-Quinoa-Salat

Für 1 Portion
Pro Portion:
488 kcal / 33,6 g KH / 19,8 g P / 26,3 g F

160 g gegarte bunte Quinoa (ca. 50 g trocken)
½ Packung Mini-Mozzarella (62,5 g)
⅓ rote Zwiebel
80 g Kirschtomaten
1 Portion *Kräuter-Vinaigrette* *(S. 31)*

1. Quinoa nach Packungsanleitung zubereiten.
2. Mozzarella abtropfen lassen.
3. Zwiebel abziehen und in feine Scheiben oder Würfel schneiden.
4. Tomaten waschen, abtrocknen und halbieren.
5. Alle Zutaten in einen Behälter geben und vermischen. Das Dressing erst kurz vor dem Verzehr über den Quinoasalat geben.

Tipps und Aufbewahrung:

Im Kühlschrank lagern (ohne Dressing) und innerhalb von 4 Tagen verzehren. Quinoa kann man auch durch Reis ersetzen.

► **Tomate-Mozzarella-Quinoa-Salat ist am Mittwoch als Abendessen geplant** **(siehe Wochenplan 1, S. 24).**

Apfel-Quark-Küchlein

Für 2 Portionen / 8 Stück
Pro Portion:
443 kcal / 55,6 g KH / 28,6 g P / 12,8 g F

2 Äpfel, z. B. Elstar oder Granny Smith
60 g Mehl, z. B. Dinkelmehl
30 g Haferflocken
1 Prise Vanillepulver
1 TL Backpulver
1 Prise Salz
20 g Erythrit oder Süßungsmittel nach Wahl
250 g Magerquark (0,2 % Fett)
2 EL Milch (1,5 % Fett) oder ungesüßte Mandelmilch
2 Eier
2 TL Öl, z. B. Kokosöl oder Olivenöl

1. Äpfel waschen, schälen, entkernen und in kleine Würfel schneiden.
2. Trockene Zutaten in einer Schüssel vermischen.
3. Magerquark, Milch und Eier hinzufügen und gut mit dem Handmixer verrühren.
4. Apfelwürfel unterheben.
5. 1 TL Öl in einer Pfanne erhitzen und 4 Teigkleckse in die Pfanne setzen. Bei mittlerer Hitze ca. 5 Minuten garen, dann wenden und auf der anderen Seite in 5 Minuten fertig ausbacken. Vorgang mit dem restlichen Öl und Teig wiederholen.

Tipps und Aufbewahrung:

Im Kühlschrank bis zu 5 Tage haltbar.

Zum Einfrieren geeignet. Dazu am besten Backpapier oder Frischhaltefolie zwischen die Küchlein legen, dann kann man sie gut einzeln entnehmen. Dazu schmeckt Apfelmus, Joghurt, Quark oder Skyr, aber auch Marmelade.

▸ **Apfel-Quark-Küchlein sind für folgende Mahlzeiten geplant (siehe Wochenplan 1 ab S. 23): Montag und Donnerstag, Abendessen**

Hackbällchen vom Blech

Für 3 Portionen / 18 Stück
Pro Portion:
292 kcal / 5,1 g KH / 24,3 g P / 17,3 g F

2 Stängel frische oder 1 EL TK-Petersilie
300 g Hackfleisch, z. B. vom Rind
1 Ei
20 g Haferflocken
1 TL Tomatenmark
1 TL mittelscharfer Senf
Salz, Pfeffer
Paprikapulver edelsüß

1. Backofen auf 170 °C Umluft vorheizen.
2. Petersilie waschen, trocken schütteln und hacken.
3. Alle Zutaten in einer Schüssel mit den Händen vermengen und dann 18 Bällchen daraus formen.
4. Bällchen auf ein mit Backpapier ausgelegtes Backblech geben und 25–30 Minuten im Ofen backen.

Tipps und Aufbewahrung:

Im Kühlschrank bis zu 6 Tage haltbar. Zum Einfrieren geeignet.
Die Hackbällchen kann man auch in der Pfanne mit etwas Öl herausbraten.

Folgende Mahlzeiten werden damit erstellt (siehe Wochenplan 1 ab S. 23):
Mittwoch, Mittagessen ▶ **1 Portion Hackbällchen, 2 Portionen Tomatensauce (S. 39)**
Donnerstag, Mittagessen ▶ **1 Portion Hackbällchen-Quinoa-Bowl mit Gemüse (S. 40)**
Freitag, Mittagessen ▶ **1 Portion Hackbällchen, 1 Portion Tomatensauce (S. 39), 1 Baguette-Brötchen**

Tomatensauce

Für 5 Portionen
Pro Portion:
61 kcal / 10,3 g KH / 3 g P / 0,3 g F

1 Knoblauchzehe
500 g passierte Tomaten
400 g gehackte Tomaten in Tomatensaft aus der Dose
100 g Tomatenmark
1 geh. EL getr. Oregano
Salz, Pfeffer

1. Knoblauch abziehen und hacken.
2. Alle Zutaten in einer Schüssel vermischen und mit Oregano, Salz und Pfeffer abschmecken.
3. Nach Belieben stückiger belassen oder mit dem Stabmixer feiner pürieren.

Tipps und Aufbewahrung:

Im Kühlschrank bis zu 6 Tage haltbar. Zum Einfrieren geeignet.
Die Sauce immer mit einem sauberen Löffel entnehmen oder ausgießen, damit die Haltbarkeit nicht beeinträchtigt wird.

Folgende Mahlzeiten werden damit erstellt (siehe Wochenplan 1 ab S. 23):
Dienstag, Mittagessen ▶ **2 Portionen Tomatensauce, ca. 320 g gegarte Nudeln, z. B. Spirelli (140 g trocken, S. 26)**
Mittwoch, Mittagessen ▶ **2 Portionen Tomatensauce, 1 Portion Hackbällchen vom Blech (S. 38)**
Freitag, Mittagessen ▶ **1 Portion Tomatensauce, 1 Portion Hackbällchen vom Blech (S. 38), 1 Baguette-Brötchen**
Das Rezept wird außerdem genutzt in Wochenplan 3 (ab S. 61) und Wochenplan 6 (ab S. 116).

Hackbällchen-Quinoa-Bowl mit Gemüse

Für 1 Portion
Pro Portion:
627 kcal / 41,7 g KH / 32 g P / 32,1 g F

50 g bunte Quinoa (ca. 160 g gegart)
1 Karotte
80 g Salatgurke
50 g Kirschtomaten
1 Portion *Hackbällchen vom Blech (S. 38)*
1 TL Kürbiskerne
Sesamsamen zum Bestreuen (optional)
1 Portion *Kräuter-Vinaigrette (S. 31)*

1. Quinoa nach Packungsanleitung zubereiten.
2. Gemüse waschen, putzen und abtrocknen.
3. Karotte und Salatgurke hobeln oder in dünne Scheiben schneiden.
4. Kirschtomaten halbieren.
5. Quinoa, Gemüse und Hackbällchen in einem Behälter anrichten und mit Kürbiskernen und nach Belieben Sesamsamen bestreuen.
6. Das Dressing erst kurz vor dem Verzehr über die Bowl geben.

Tipps und Aufbewahrung:

Im Kühlschrank lagern (ohne Dressing) und innerhalb von 5 Tagen verzehren. Quinoa kann man auch durch Reis ersetzen.

▶ **Hackbällchen-Quinoa-Bowl mit Gemüse ist am Donnerstag als Mittagessen geplant (siehe Wochenplan 1, S. 24).**

Gurkensalat

Für 1 Portion
Pro Portion:
185 kcal / 11 g KH / 3 g P / 12,4 g F

400 g Salatgurke
⅓ rote Zwiebel
1 Msp. getr. bzw. ½ TL frischer oder TK-Dill
1 Portion *Kräuter-Vinaigrette (S. 31)*

1. Gurke waschen und abtrocknen. Gurke längs halbieren und dann in Scheiben schneiden oder hobeln.
2. Zwiebel abziehen und in kleine Scheiben oder Würfel schneiden.
3. Gurke und Zwiebel in einer Schüssel vermischen und mit Dill bestreuen.
4. Das Dressing erst kurz vor dem Verzehr über den Salat geben.

Tipps und Aufbewahrung:

Im Kühlschrank lagern (ohne Dressing) und innerhalb von 5 Tagen verzehren.

► **Gurkensalat ist am Freitag als Abendessen geplant (siehe Wochenplan 1, S. 24).**

WOCHENPLAN 2

Samstag — Einkauf der Lebensmittel nach Bedarfsliste (S. 45)
Sonntag — Meal-Prep-Tag

	Frühstück	Mittagessen	Abendessen
Montag	1 **Joghurtbrötchen (S. 48)**, 1 TL Butter, 1 **Portion Erdbeer-Chia-Marmelade (S. 50)**	250 g gegarte Nudeln, z. B. Fusilli Bucati Corti oder Spirelli (110 g trocken), 1 **Portion Basilikumpesto (S. 52)**	1 Portion **Gefüllte Paprika Mexiko-Style mit Joghurtsauce (S. 54)**

1362 kcal	288 kcal	534 kcal	540 kcal
Dienstag	1 **Joghurtbrötchen (S. 48)**, 1 TL Butter, 1 Portion **Erdbeer-Chia-Marmelade (S. 50)**	1 Portion **Zucchiniboote mit Mexiko-Füllung (S. 56),** 1 Portion **Kräuterquark (S. 136)**	1 Portion **Mexikanischer Nudelsalat (S. 57)**

1391 kcal	288 kcal	521 kcal	582 kcal

Mittwoch	1 **Joghurtbrötchen (S. 48)**, 1 TL Butter, 1 Portion **Erdbeer-Chia-Marmelade (S. 50)**	1 Portion **Zoodles mit Basilikumpesto (S. 60)**	1 Portion **Gefüllte Paprika Mexiko-Style mit Joghurtsauce (S. 54)**, 1 **Joghurtbrötchen (S. 48)**

1410 kcal	288 kcal	408 kcal	714 kcal
Donnerstag	1 **Joghurtbrötchen (S. 48)**, 1 TL Butter, 1 Portion **Erdbeer-Chia-Marmelade (S. 50)**	1 Portion **Zucchini-Fritters (S. 58)**, 1 Portion **Basilikumpesto (S. 52)**	1 Portion **Zucchiniboote mit Mexiko-Füllung (S. 56)**, 1 Portion **Kräuterquark (S. 136)**

1424 kcal	288 kcal	615 kcal	521 kcal
Freitag	1 **Joghurtbrötchen (S. 48)**, 1 TL Butter, 1 Portion **Erdbeer-Chia-Marmelade (S. 50)**	1 Portion **Gefüllte Paprika Mexiko-Style mit Joghurtsauce (S. 54)**	1 Portion **Zucchini-Fritters (S. 58)**, 1 Portion **Basilikumpesto (S. 52)**

1443 kcal	288 kcal	540 kcal	615 kcal

Hinweise zu Wochenplan 2:

Joghurtbrötchen

Wer lieber herzhaft frühstückt, plant seine Joghurtbrötchen z. B. mit Frischkäse, Schinken oder fettarmem Käse.

6 Brötchen sind für den Wochenplan von Montag bis Freitag vorgesehen. Das restliche Brötchen kann man als Zwischenmahlzeit im Laufe der Woche oder am Wochenende genießen.

Nudeln

Für die Gerichte der Woche werden am Meal-Prep-Tag (siehe S. 46) gekocht: 220 g Nudeln, z. B. Fusilli Bucati Corti oder Spirelli (ergeben ca. 500 g gegarte Nudeln) – für Montag Mittagessen und Dienstag Abendessen (Mexikanischer Nudelsalat S. 57)

BEDARFSLISTE

- ☐ 200 g frische Erdbeeren
- ☐ 1 Bio Zitrone (für 1 EL Saft + 1 Scheibe)
- ☐ Saft von 1 Limette
- ☐ 1 große Zucchini (ca. 400 g) + 500 g + 2 mittelgroße Zucchini
- ☐ 4 rote Paprikaschoten
- ☐ 5 Kirschtomaten
- ☐ 2 rote Zwiebeln
- ☐ 1 kleine Zwiebel
- ☐ 1 Knoblauchzehe (optional)
- ☐ 60 g frisches Basilikum
- ☐ 20 g frische Petersilie
- ☐ 1 Bund Schnittlauch
- ☐ 1 kleine Knoblauchzehe
- ☐ 110 g Joghurt Natur (3,8 % Fett)
- ☐ 1 EL Milch (1,5 % Fett) oder Wasser
- ☐ 100 g Hüttenkäse, Halbfettstufe (4 % Fett)
- ☐ 500 g Magerquark (0,2 % Fett)
- ☐ 3 Becher Griechischer Sahnejoghurt (à 200 g)
- ☐ 100 g Griechischer Sahnejoghurt Natur (10 % Fett)
- ☐ 30 g + 5 EL Parmesan, gerieben
- ☐ 160 g Reibekäse (30 % Fett)
- ☐ 40 g + 5 TL Butter
- ☐ 2 Dosen Kidneybohnen (Abtropfgewicht à 255 g)
- ☐ 1 Dose Mais (Abtropfgewicht ca. 285 g)
- ☐ 2 Eier
- ☐ 1 EL Tomatenmark
- ☐ 220 g Nudeln (trocken), z. B. Fusilli Bucati Corti oder Spirelli (ergeben ca. 500 g gekocht)
- ☐ 300 g Mehl, z. B. Dinkelmehl + etwas mehr zum Bemehlen der Arbeitsfläche
- ☐ 2 TL Backpulver
- ☐ ½ TL + 1 Prise Erythrit
- ☐ 1½ EL Honig oder Süßungsmittel nach Belieben
- ☐ 20 g Pinienkerne
- ☐ Saaten und Kerne nach Belieben, z. B. 1 TL Sesam weiß und 1 TL Sesam schwarz
- ☐ 3 EL Chiasamen
- ☐ Salz, Pfeffer
- ☐ Cayennepfeffer
- ☐ Paprikapulver edelsüß und rosenscharf
- ☐ Chilipulver
- ☐ Tabasco-Sauce
- ☐ 350 ml Gemüsebrühe
- ☐ 9 EL Öl, z. B. Olivenöl

MEAL-PREP-TAG IM ZEITLICHEN ÜBERBLICK

Meal-Prep-Zeit für Wochenplan 2: ca. 1 Stunde 45 Minuten (ohne Abkühlzeit)

Vorbereitende Arbeiten:
Die Vorbereitung ist für alle gedacht, die den gesamten Wochenplan so übernehmen möchten. Die hier genannten Verarbeitungsschritte werden auch in den jeweiligen Rezepten beschrieben, sodass Sie bei Bedarf jedes Gericht außerhalb Ihres Ernährungsplans kochen und eigene Wochenpläne zusammenstellen können.

5 Minuten
Obst und Gemüse waschen und abtrocknen.
Frische Kräuter waschen und trocken schütteln.

Diese Arbeiten werden parallel ausgeführt:

30 Minuten **Joghurtbrötchen (S. 48)** zubereiten, 20 Minuten bei 170 °C Umluft im Ofen backen.	220 g Nudeln nach Packungsanleitung zubereiten (ergeben ca. 500 g gegarte Nudeln).	Kidneybohnen und Mais abtropfen lassen. **Mexiko-Mix (S. 51)** vermischen. **Basilikumpesto (S. 52)** zubereiten.
50 Minuten **Gefüllte Paprika Mexiko-Style (S. 54)** und **Zucchiniboote mit Mexiko-Füllung (S. 56)** vorbereiten, 35–40 Minuten bei 170 °C Umluft im Ofen backen.	**Zucchini-Fritters (S. 58)** in der Pfanne herausbacken. **Erdbeer-Chia-Marmelade (S. 50)** zubereiten. **Mexikanischen Nudelsalat (S. 57)** zusammenstellen (Dressing separat aufbewahren).	

10 Minuten **Kräuterquark (S. 136)** zubereiten.		

Alle zubereiteten Speisen abkühlen lassen!

10 Minuten
Portionieren der Gerichte:
Folgende Gerichte bereits portionsweise in Behältern zusammenstellen (bitte beachten Sie dazu die Bilder von Wochenplan 2 ab S. 43) und in den Kühlschrank stellen oder einfrieren (bitte beachten Sie die Hinweise zu den Aufbewahrungsmöglichkeiten bei den einzelnen Rezepten):

- **Für Montag, Mittagessen**: 250 g gegarte Nudeln in einen Behälter geben.

- **Für Mittwoch, Mittagessen**: Zucchininudeln für Zoodles mit Basilikumpesto (S. 52) schneiden (oder frisch am Mittwoch zubereiten).

Nun alle zubereiteten Speisen in Behälter verpacken und in den Kühlschrank oder, falls gefriergeeignet, in den Gefrierschrank geben (für die Gerichte ab Tag 3 bei gefriergeeigneten Mahlzeiten empfohlen).

Joghurtbrötchen

Für 7 Stück
Pro Portion:
174 kcal / 22,1 g KH / 5,7 g P / 6,9 g F

200 g Mehl, z. B. Dinkelmehl + etwas mehr zum Bemehlen der Arbeitsfläche
½ TL Salz
½ TL Erythrit (optional)
2 TL Backpulver
40 g weiche Butter
1 Ei
110 g Joghurt Natur (3,8 % Fett)
1 EL Milch (1,5 % Fett) oder Wasser
Saaten und Kerne nach Belieben, z. B. 1 TL Sesam weiß und 1 TL Sesam schwarz

1. Backofen auf 170 °C Umluft vorheizen.
2. Erst die trockenen Zutaten in einer Schüssel vermischen, dann Butter, Ei und Joghurt hinzufügen und alles gut mit dem Handmixer verkneten.
3. Teig auf einer leicht bemehlten Arbeitsfläche zu 7 etwa gleich großen Kugeln formen. Diese mit etwas Abstand zueinander auf ein mit Backpapier ausgelegtes Backblech legen und etwas platt drücken.
4. Mit Milch bestreichen und mit Saaten nach Belieben bestreuen.
5. Im Ofen in ca. 20 Minuten goldbraun backen.

Tipps und Aufbewahrung:

Die Brötchen kann man auch mit anderen Kernen und Saaten bestreuen, z. B. mit Kürbiskernen, Sonnenblumenkernen, Chiasamen und Mohn. Ideal für süße und deftige Aufstriche oder Belag wie Schinken, Eier und Putenwurst.
Im Kühlschrank 8 Tage haltbar. Zum Einfrieren geeignet.

Folgende Mahlzeiten werden damit erstellt (siehe Wochenplan 2 ab S. 43):
Montag bis Freitag, Frühstück ► Jeweils 1 Joghurtbrötchen mit 1 TL Butter, 1 Portion **Chia-Marmelade (S. 50)**
Mittwoch, Abendessen ► 1 Joghurtbrötchen, 1 Portion **Gefüllte Paprika Mexiko-Style (S. 54)**
Das restliche Brötchen kann man als Zwischenmahlzeit im Laufe der Woche oder am Wochenende genießen.

Erdbeer-Chia-Marmelade

Für 5 Portionen (1 Portion = ca. 45 g)
Pro Portion:
54 kcal / 7,6 g KH / 1,3 g P / 2 g F

200 g frische Erdbeeren
1½ EL Honig oder Süßungsmittel nach Belieben
3 EL Chiasamen
1 EL Zitronensaft

1. Erdbeeren waschen, Grün entfernen. Zusammen mit dem Süßungsmittel in einen kleinen Topf geben. Mit dem Stabmixer pürieren oder bis zur gewünschten Konsistenz zerstampfen und kurz aufkochen lassen. Dann Herd ausstellen und Masse noch 5 Minuten auf der Herdplatte stehen lassen.
2. Chiasamen und Zitronensaft einrühren.
3. In einen kleinen luftdichten Behälter abfüllen und mindestens 3 Stunden quellen lassen.

Tipps und Aufbewahrung:

Im Kühlschrank bis zu 7 Tage haltbar. Vor dem Verzehr durchrühren und immer einen sauberen Löffel verwenden, damit die Haltbarkeit nicht beeinträchtigt wird. Chia-Marmelade kann man auch portionsweise einfrieren, z. B. in Eiswürfelformen.

▶ **Jeweils 1 Portion Erdbeer-Chia-Marmelade wird zusammen mit 1 TL Butter und 1 Joghurtbrötchen von Montag bis Freitag als Frühstück eingeplant (siehe Wochenplan 2 ab S. 43).**

Mexiko-Mix

Für 6 Portionen
Pro Portion:
183 kcal / 18 g KH / 9,7 g P / 6,1 g F

2 Dosen Kidneybohnen (Abtropfgewicht à 255 g)
1½ rote Zwiebeln
1 rote Paprikaschote
5 Kirschtomaten
1 Dose Mais (Abtropfgewicht ca. 285 g)
Saft von ½ Limette
Salz, Pfeffer
Paprikapulver edelsüß und rosenscharf
3 EL Öl, z. B. Olivenöl

1. Kidneybohnen in ein Sieb geben, unter fließendem Wasser durchspülen und abtropfen lassen.
2. Zwiebeln abziehen und in kleine Würfel schneiden.
3. Paprika und Kirschtomaten waschen und abtrocknen. Paprika entkernen, dann zusammen mit den Kirschtomaten in kleine Stücke schneiden.
4. Alle Zutaten in eine Schüssel geben und mit Gewürzen abschmecken.

Tipps und Aufbewahrung:

Im Kühlschrank bis zu 6 Tage haltbar. Zum Einfrieren geeignet.

Folgende Mahlzeiten werden damit erstellt (siehe Wochenplan 2 ab S. 43):
Montag und Mittwoch, Abendessen; Freitag, Mittagessen ▶ Jeweils 1 Portion **Gefüllte Paprika Mexiko-Style (S. 54)**
Dienstag, Mittagessen, und Donnerstag, Abendessen ▶ Jeweils 1 Portion **Zucchiniboote mit Mexico-Füllung (S. 56)**
Dienstag, Abendessen ▶ 1 Portion **Mexikanischer Nudelsalat (S. 57)**

Basilikumpesto

Für ca. 5 Portionen (1 Portion = ca. 50 g)
Pro Portion:
129 kcal / 2,3 g KH / 5,8 g P / 10,6 g F

60 g frisches Basilikum
20 g frische Petersilie
20 g Pinienkerne
1 Knoblauchzehe (optional)
3 EL Öl, z. B. Olivenöl
100 g Hüttenkäse, Halbfettstufe (4 % Fett)
30 g Parmesan, gerieben
Salz, Pfeffer

1. Basilikum und Petersilie waschen und gut abtropfen lassen.
2. Basilikum, Petersilie und Pinienkerne im Mixer zerkleinern.
3. Knoblauch abziehen und hacken.
4. Olivenöl, Hüttenkäse und Knoblauch in den Mixer geben und pürieren.
5. Parmesan unterheben, alles nochmals kurz pürieren und mit Salz und Pfeffer abschmecken. Falls die Masse zu fest ist, 1–2 TL Wasser hinzufügen und nochmals pürieren.
6. In ein verschließbares Einmachglas füllen und im Kühlschrank aufbewahren.

Tipps und Aufbewahrung:

Das Pesto immer mit einem sauberen Löffel entnehmen, damit die Haltbarkeit nicht beeinträchtigt wird.
Im Kühlschrank bis zu 7 Tage haltbar.
Schmeckt sehr gut zu Nudeln, Brot, Kartoffeln, Tomate mit Mozzarella, Gurkensalat und Putenfleisch.
Das Basilikumpesto kann man auch portionsweise einfrieren, z. B. in Eiswürfelformen.

Folgende Mahlzeiten werden damit erstellt (siehe Wochenplan 2 ab S. 43):

Montag, Mittagessen ▶ 1 Portion Basilikumpesto mit gegarten Nudeln, z. B. Fusilli Bucati Corti oder Spirelli ca. 250 g (110 g trocken), siehe S. 46

Mittwoch, Mittagessen ▶ 1 Portion **Zoodles mit Basilikumpesto (S. 60)**

Donnerstag, Mittagessen ▶ 1 Portion Basilikumpesto, 1 Portion **Zucchini-Fritters (S. 58)**

Freitag, Abendessen ▶ 1 Portion Basilikumpesto, 1 Portion **Zucchini-Fritters (S. 58)**

Gefüllte Paprika Mexiko-Style mit Joghurtsauce

Für 3 Portionen
Pro Portion:
540 kcal / 36 g KH / 26,5 g P / 29,5 g F

3 rote Paprikaschoten
3 Portionen *Mexiko-Mix (S. 51)*
200 ml Gemüsebrühe
1 EL Tomatenmark
Cayennepfeffer
Paprikapulver edelsüß und rosenscharf
Chilipulver
Tabasco-Sauce
3 EL Parmesan, gerieben
3 Becher Griechischer Sahnejoghurt (à 200 g)
Salz, Pfeffer
Cayennepfeffer
Chilipulver

1. Backofen auf 170 °C Umluft vorheizen.
2. Paprikaschoten waschen, Deckel jeweils vorsichtig abschneiden und Paprika entkernen.
3. Mexiko-Mix in einer Schüssel mit 50 ml Gemüsebrühe und Tomatenmark vermischen und mit Gewürzen und Tabasco-Sauce abschmecken.
4. Paprikaschoten mit dem Mexiko-Mix befüllen und jeweils mit 1 EL Parmesan bestreuen.
5. Paprikaschoten mit den Deckeln daneben in eine Auflaufform stellen, restliche Gemüsebrühe zugießen und im Ofen ca. 35–40 Minuten backen.
6. Am Tag des Verzehrs jeweils 1 Becher Joghurt à 200 g mit Salz, Pfeffer, Cayennepfeffer und Chilipulver abschmecken und zu den gefüllten Paprika genießen.

Tipps und Aufbewahrung:

Im Kühlschrank bis zu 6 Tage haltbar. Zum Einfrieren geeignet.

► **Gefüllte Paprika Mexiko-Style sind für folgende Mahlzeiten geplant (siehe Wochenplan 2 ab S. 43):** Montag und Mittwoch, Abendessen; Freitag, Mittagessen

Zucchiniboote mit Mexiko-Füllung

Für 2 Portionen
Pro Portion:
322 kcal / 31,1 g KH / 22,8 g P / 12,4 g F

2 mittelgroße Zucchini
Salz, Pfeffer
2 Portionen *Mexiko-Mix (S. 51)*
60 g Reibekäse (30 % Fett)
150 ml Gemüsebrühe

1. Backofen auf 170 °C Umluft vorheizen.
2. Zucchini waschen, abtrocknen, halbieren und Fruchtfleisch vorsichtig mit einem Löffel ausschaben.
3. Zucchini salzen und pfeffern und die Hälften mit Mexiko-Mix befüllen, dann jeweils mit 2 EL Reibekäse bestreuen.
4. Zucchiniboote in eine Auflaufform geben, Gemüsebrühe dazugießen und Zucchini 35–40 Minuten im Ofen backen.

Tipps und Aufbewahrung:

Im Kühlschrank haltbar für 5 Tage. Zum Einfrieren geeignet.

► **Zucchiniboote mit Mexiko-Füllung sind für folgende Mahlzeiten geplant (siehe Wochenplan 2 ab S. 43):** Dienstag, Mittagessen, und Donnerstag, Abendessen

Mexikanischer Nudelsalat

Für 1 Portion
Pro Portion:
582 kcal / 82,7 g KH / 19,6 g P / 16,4 g F

250 g gegarte Nudeln, z. B. Fusilli Bucati Corti oder Spirelli (ca. 110 g trocken)
½ rote Zwiebel
1 Portion *Mexiko-Mix (S. 51)*
Saft von ½ Limette
1 EL Öl, z. B. Olivenöl
1 Prise Erythrit
Salz, Pfeffer

1. Nudeln nach Packungsanleitung in einem Topf mit Salzwasser garen und dann durch ein Sieb abseihen.
2. Zwiebel abziehen, halbieren und in Scheiben schneiden.
3. Nudeln, Zwiebel und Mexiko-Mix in einem Behälter vermischen.
4. Aus Limettensaft, Öl, Erythrit, Salz und Pfeffer ein Dressing herstellen. Erst kurz vor dem Verzehr hinzufügen.

Tipps und Aufbewahrung:

Mit Frühlingszwiebelröllchen oder frisch gehackter Petersilie bestreuen. Im Kühlschrank bis zu 3 Tage haltbar.
Um das Volumen der Mahlzeit aufzufüllen, einfach einige Zucchininudeln beimengen.

▶ **Mexikanischer Nudelsalat ist am Dienstag als Abendessen geplant (siehe Wochenplan 2, S. 43).**

Zucchini-Fritters

Für 2 Portionen / 10 Stück
Pro Portion:
486 kcal / 43,6 g KH / 27,1 g P / 21,9 g F

500 g Zucchini
Salz, Pfeffer
1 kleine Zwiebel
100 g Reibekäse (30 % Fett)
1 Ei
100 g Mehl, z. B. Dinkelmehl
2 EL Öl, z. B. Olivenöl

1. Zucchini waschen und grob raspeln. In einer Schüssel mit ½ TL Salz vermengen und 5 Minuten ziehen lassen.
2. Zwiebel abziehen und hacken.
3. Zucchiniraspel durch ein Küchentuch pressen, um den Großteil der Flüssigkeit zu entfernen.
4. Alle Zutaten bis auf das Öl in einer Schüssel vermengen. Ist die Masse noch zu feucht, etwas mehr Mehl hinzufügen. Mit Salz und Pfeffer würzen.
5. Öl in einer Pfanne erhitzen. Aus der Masse 10 Pattys formen und diese portionsweise im Öl von beiden Seiten goldbraun braten. Vorgang wiederholen, bis die Teigmasse aufgebraucht ist.

Tipps und Aufbewahrung:

Im Kühlschrank bis zu 5 Tage haltbar. Zum Einfrieren geeignet. Dazu am besten Backpapier oder Frischhaltefolie zwischen die Küchlein legen, dann kann man sie gut einzeln entnehmen.

Dazu schmecken Kräuterquark, Tomatensauce oder Pesto.

► **Zucchini-Fritters sind für folgende Mahlzeiten geplant (siehe Wochenplan 2, S. 44):** Donnerstag, Mittagessen, und Freitag, Abendessen, mit jeweils 1 Portion Basilikumpesto (S. 52)

Zoodles mit Basilikumpesto

Für 1 Portion
Pro Portion:
408 kcal / 14,2 g KH / 25,1 g P / 28 g F

1 große Zucchini (ca. 400 g)
2 EL Parmesan, gerieben
1 Scheibe Bio-Zitrone
2 Portionen *Basilikumpesto (S. 52)*

1. Zucchini waschen, abtrocknen und mit einem Spiralschneider zu Zucchininudeln verarbeiten.
2. In einen Behälter füllen und mit Parmesan bestreuen.
3. Zitronenscheibe halbieren und hinzufügen.
4. Kurz vor dem Verzehr das Basilikumpesto untermischen und den Saft der Zitronenstücke darüberträufeln.

Tipps und Aufbewahrung:

Im Kühlschrank bis zu 5 Tage haltbar. Pesto separat lagern und erst kurz vor dem Verzehr untermischen.
Wenn man die Zucchininudeln nicht knackig, sondern eher weich möchte, kann man sie kurz in einer Pfanne mit etwas Wasser andünsten. Alternativ bestreut man die Zucchininudeln mit etwas Salz und lässt sie mindestens 10 Minuten durchziehen, dann werden sie weich. Schmeckt kalt und warm.

► **Zoodles mit Basilikumpesto sind am Mittwoch als Mittagessen geplant (siehe Wochenplan 2, S. 44).**

WOCHENPLAN 3

Samstag	Einkauf der Lebensmittel nach Bedarfsliste (S. 64)
Sonntag	Meal-Prep-Tag

	Frühstück	**Mittagessen**	**Abendessen**
Montag	1 Portion **Granola (S. 67)**, 200 g Griechischer Sahnejoghurt Natur (10 % Fett), 50 g Heidelbeeren	1 Portion **Gemüse vom Blech (S. 68)**, ca. 250 g gegarte Nudeln, z. B. Rigatoni (110 g trocken)	1 Portion **Kichererbsensalat im Glas (S. 71)**, 1 Vollkornbrötchen

1498 kcal	428 kcal	587 kcal	483 kcal
Dienstag	1 **Heidelbeer-Grieß-Auflauf (S. 70)**, 125 g Magerquark, püriert mit 50 g Heidelbeeren	1 Portion **Kichererbsensalat im Glas (S. 71)**, 1 Vollkornbrötchen	1 Portion **Gemüse vom Blech (S. 68)**, 1 Portion **Tomatensauce (S. 39)**, ca. 240 g gegarter Reis (80 g trocken)

1364 kcal	302 kcal	483 kcal	579 kcal

Mittwoch	1 Portion **Granola (S. 67)**, 200 g Griechischer Sahnejoghurt Natur (10 % Fett), 50 g Heidelbeeren	2 Portionen **Tomatensauce (S. 39)**, ca. 250 g gegarte Nudeln, z. B. Rigatoni (110 g trocken), 1 Portion **Gebratene Hähnchenwürfel (S. 72)**	2 Portionen **Heidelbeer-Grieß-Auflauf (S. 70)**

1445 kcal	428 kcal	629 kcal	388 kcal
Donnerstag	1 Portion **Heidelbeer-Grieß-Auflauf (S. 70)**, 125 g Magerquark, püriert mit 50 g Heidelbeeren	1 Portion **Gemüse vom Blech (S. 68)**, 1 Portion **Kichererbsencurry (S. 74)**, ca. 250 g gegarter Reis (90 g trocken)	1 Portion **Gebratene Hähnchenwürfel (S. 72)**, 2 Portionen **Tomatensauce (S. 39)**, 1 Vollkornbrötchen

1529 kcal	302 kcal	767 kcal	460 kcal
Freitag	1 Portion **Granola (S. 67)**, 200 g Griechischer Sahnejoghurt Natur (10 % Fett), 50 g Heidelbeeren	1 Portion **Gebratene Hähnchenwürfel (S. 72)**, 1 Portion **Gemüse vom Blech (S. 68)**, 1 Portion **Tomatensauce (S. 39)**, 150 g gekochter Reis (ca. 50 g trocken)	2 Portionen **Kichererbsencurry (S. 74)**

1558 kcal	428 kcal	664 kcal	466 kcal

Hinweise zu Wochenplan 3:

Granola

3 Portionen Granola werden in dieser Woche eingeplant, 5 Portionen werden in die nächste Woche übernommen.

Tomatensauce

Für die Gerichte in dieser Woche wird das Rezept Tomatensauce (S. 39) zweimal vorbereitet, also insgesamt 10 Portionen. Die Zutaten sind in der Bedarfsliste auf S. 64 bereits enthalten.

Nudeln

Für das Mittagessen am Montag und Mittwoch werden am Meal-Prep-Tag 220 g Nudeln, z. B. Rigatoni (ergeben ca. 500 g gegarte Nudeln, siehe S. 65) gekocht:

Reis

Für das Abendessen am Dienstag und das Mittagessen am Donnerstag und Freitag werden 220 g Reis gekocht (ergeben ca. 640 g gegart).

BEDARFSLISTE

- ☐ 450 g Heidelbeeren
- ☐ 2 rote Paprikaschoten
- ☐ 1 grüne Paprikaschote
- ☐ 2 gelbe Paprikaschoten
- ☐ 1 Aubergine
- ☐ 1 Zucchini
- ☐ 1 Stück Salatgurke
- ☐ 2 Tomaten
- ☐ 1 Handvoll Blattsalat, z. B. Lollo rosso
- ☐ 250 g Kirschtomaten, z. B. gelb und rot gemischt
- ☐ 3 rote Zwiebeln
- ☐ 1 Zwiebel
- ☐ 2 Knoblauchzehen
- ☐ 2 Zweige Rosmarin
- ☐ 3 Hähnchenbrustfilets (à 150 g)
- ☐ 2 Eier
- ☐ 750 g Magerquark
- ☐ 600 g Griechischer Sahnejoghurt Natur (10 % Fett)
- ☐ 2 Vollkornbrötchen
- ☐ 1 große Dose Kichererbsen (480 g Abtropfgewicht)
- ☐ 1 kleine Dose Kichererbsen (285 g Abtropfgewicht)
- ☐ 1000 ml passierte Tomaten
- ☐ 800 g gehackte Tomaten in Tomatensaft aus der Dose
- ☐ 200 g Tomatenmark
- ☐ 100 g Apfelmark ohne Zuckerzusatz
- ☐ 220 g Nudeln (trocken), z. B. Rigatoni (ergeben ca. 500 g gekocht)
- ☐ 220 g Reis trocken (ergeben ca. 640 g gekocht)
- ☐ 120 g Haferflocken, z. B. kernig und fein gemischt
- ☐ 20 g Mandelblättchen
- ☐ 25 g Kerne und Saaten nach Belieben, z. B. Sonnenblumenkerne, Kürbiskerne, geschrotete Leinsamen, Chiasamen
- ☐ 20 g Nüsse, z. B. Walnüsse, Haselnüsse (evtl. klein hacken)
- ☐ 1 TL Trockenfrüchte, z. B. Rosinen oder Cranberrys
- ☐ 60 g Weichweizengrieß
- ☐ 2 Prisen Vanillepulver
- ☐ 1 EL Honig, Ahornsirup oder Süßungsmittel nach Belieben
- ☐ 1 Prise Erythrit oder Süße nach Belieben
- ☐ 1 TL Backpulver
- ☐ 1 TL getrocknete Kräuter, z. B. Oregano, Petersilie
- ☐ 2 geh. EL getrockneter Oregano
- ☐ ½ TL getrocknete Kräuter, z. B. Basilikum
- ☐ Salz, Pfeffer
- ☐ Paprikapulver edelsüß und rosenscharf
- ☐ Zimt
- ☐ 10 EL Öl, z. B. Olivenöl
- ☐ 25 g Kokosöl oder Butter
- ☐ 4 EL Essig, z. B. Balsamico bianco

MEAL-PREP-TAG IM ZEITLICHEN ÜBERBLICK

Meal-Prep-Zeit für Wochenplan 3: ca. 1 Stunde 50 Minuten (ohne Abkühlzeit)

Vorbereitende Arbeiten:
Die Vorbereitung ist für alle gedacht, die den gesamten Wochenplan so übernehmen möchten. Die hier genannten Verarbeitungsschritte werden auch in den jeweiligen Rezepten beschrieben, sodass Sie bei Bedarf jedes Gericht außerhalb Ihres Ernährungsplans kochen und eigene Wochenpläne zusammenstellen können.

5 Minuten
Obst und Gemüse waschen und abtrocknen.
Salat waschen und mit Küchenpapier trocken tupfen oder mit der Salatschleuder trocknen.

Diese Arbeiten werden parallel ausgeführt:

40 Minuten		
Granola (S. 67) zubereiten und bei 170 °C Umluft 10–15 Minuten im Ofen backen.	**Heidelbeer-Grieß-Auflauf (S. 70)** vorbereiten und, nachdem das Granola fertig gebacken ist, in den Ofen geben und 20 Minuten backen.	220 g Reis nach Packungsanleitung kochen (ergeben ca. 640 g gegart) **Gemüse vom Blech (S. 68)** vorbereiten.
35 Minuten		
Gemüse vom Blech (S. 68) bei 170 °C Umluft 20–25 Minuten im Ofen garen.	220 g Nudeln nach Packungsanleitung kochen (ergeben ca. 500 g gegart).	**Gebratene Hähnchenwürfel (S. 72)** herausbraten. 2 x **Tomatensaucen-Rezept (S. 39)** verrühren.
15 Minuten		
Kichererbsencurry (S. 74) kochen.	**Kichererbsensalat (S. 71)** in 2 Gläsern zusammenstellen.	

Alle zubereiteten Speisen abkühlen lassen!

15 Minuten
Portionieren der Gerichte:
Folgende Gerichte bereits portionsweise in Behälter geben (bitte beachten Sie dazu die Bilder von Wochenplan 3 ab S. 61) und in den Kühlschrank stellen oder einfrieren (bitte beachten Sie die Hinweise zu den Aufbewahrungsmöglichkeiten bei den einzelnen Rezepten):

- **Für Montag, Mittagessen**: 250 g gegarte Nudeln mit 1 Portion Gemüse vom Blech (S. 68) in einen Behälter geben.

- **Für Dienstag, Abendessen**: 1 Portion Gemüse vom Blech (S. 68) mit 1 Portion Tomatensauce (S. 39) vermischen, 240 g gegarten Reis dazugeben.

- **Für Mittwoch, Mittagessen**: 250 g gegarte Nudeln mit 1 Portion Gebratene Hähnchenwürfel (S. 72) in einen Behälter geben. Tomatensauce erst kurz vorher hinzufügen bzw. separat aufbewahren.

- **Für Donnerstag, Mittagessen:** 1 Portion Gemüse vom Blech (S. 68) mit 1 Portion Kichererbsencurry (S. 74) vermischen, 250 g gegarten Reis dazugeben.

- **Für Freitag, Mittagessen**: 1 Portion Gemüse vom Blech (S. 68) mit 1 Portion Gebratene Hähnchenwürfel (S. 72) und 1 Portion Tomatensauce (S. 39) vermischen, 150 g gegarten Reis dazugeben.

Nun alle zubereiteten Speisen in Behälter verpacken und in den Kühlschrank oder, falls gefriergeeignet, in den Gefrierschrank geben (für die Gerichte ab Tag 3 bei gefriergeeigneten Mahlzeiten empfohlen).

Granola

Für 8 Portionen
Pro Portion (ca. 40 g):
149 kcal / 12,4 g KH / 3,8 g P / 8,8 g F

- 120 g Haferflocken, z. B. kernig und fein gemischt
- 20 g Mandelblättchen
- 25 g Kerne und Saaten nach Belieben (evtl. kleiner hacken), z. B. Sonnenblumenkerne, Kürbiskerne, geschrotete Leinsamen, Chiasamen
- 20 g Nüsse, z. B. Walnüsse, Haselnüsse (evtl. kleiner hacken)
- 1 TL Trockenfrüchte, z. B. Rosinen oder Cranberrys
- 1 Prise Vanillepulver
- 100 g Apfelmark ohne Zuckerzusatz
- 1 EL Honig, Ahornsirup oder Süßungsmittel nach Belieben
- 25 g Kokosöl oder Butter
- Zimt

1. Backofen auf 160 °C Umluft vorheizen.
2. Alle Zutaten in einer Schüssel zu einer klebrigen Masse verrühren und auf ein mit Backpapier ausgelegtes Backblech streichen.
3. Ca. 10 Minuten im Ofen backen und dann mit einem Pfannenwender durchmischen. In weiteren 5 Minuten fertig backen. Das Granola in den letzten Minuten beobachten, damit es nicht zu dunkel wird und dadurch bitter schmeckt.

Tipps und Aufbewahrung:

Vollständig abkühlen lassen und in ein Glas füllen. Beim Abkühlen wird das Granola knusprig. Luftdicht verschlossen ist es bis zu 2 Wochen haltbar.

Folgende Mahlzeiten werden damit erstellt:
Montag, Mittwoch und Freitag als Frühstück **(siehe Wochenplan 3 ab S. 61)** ▶ Jeweils 1 Portion Granola, 150 g Griechischer Joghurt Natur (0,2 % Fett), 50 g Heidelbeeren
Montag bis Freitag in Frühstücksvariationen **(siehe Wochenplan 4 ab S. 76)**

Gemüse vom Blech

Für 4 Portionen
Pro Portion:
182 kcal / 14,7 g KH / 5,1 g P / 10,3 g F

4 Paprikaschoten, z. B. 2 rote, 1 grüne, 1 gelbe
1 Aubergine
1 Zucchini
250 g Kirschtomaten, z. B. gelb und rot gemischt
3 rote Zwiebeln
2 Zweige Rosmarin
4 EL Öl, z. B. Olivenöl
1 TL getr. Kräuter, z. B. Oregano, Petersilie

1. Backofen auf 170 °C Umluft vorheizen.
2. Gemüse waschen und abtrocknen.
3. Paprikaschoten entkernen und in kleine Stücke schneiden.
4. Aubergine und Zucchini in kleine Viertel und Tomaten in Scheiben schneiden.
5. Zwiebeln abziehen und ebenfalls in Viertel schneiden.
6. Gemüsestücke reihenweise auf ein mit Backpapier ausgelegtes Backblech schichten.
7. Rosmarin waschen und trocken schütteln. Dann kleiner zupfen und über dem Gemüse verteilen.
8. Öl mit Kräutern vermischen und über das Gemüse träufeln.
9. Gemüse 20–25 Minuten im Ofen backen.

Tipps und Aufbewahrung:

Im Kühlschrank bis zu 5 Tage haltbar.

Folgende Mahlzeiten werden damit erstellt (siehe Wochenplan 3 ab S. 61):

Montag, Mittagessen ▶ 1 Portion Gemüse vom Blech, ca. 250 g gegarte Nudeln (110 g trocken), z. B. Rigatoni

Dienstag, Abendessen ▶ 1 Portion Gemüse vom Blech, 1 Portion **Tomatensauce (S. 39),** ca. 240 g gegarter Reis (80 g trocken)

Donnerstag, Mittagessen ▶ 1 Portion Gemüse vom Blech, 1 Portion **Kichererbsencurry (S. 74),** ca. 250 g gegarter Reis (90 g trocken)

Freitag, Mittagessen ▶ 1 Portion Gemüse vom Blech, 1 Portion **Gebratene Hähnchenwürfel (S. 72)**, 1 Portion **Tomatensauce (S. 39),** 150 g gekochter Reis (ca. 50 g trocken)

Heidelbeer-Grieß-Auflauf

Für 4 Stück
Pro Stück:
194 kcal / 19,6 g KH / 20,2 g P / 3,3 g F

- 200 g Heidelbeeren
- 60 g Weichweizengrieß
- 2 Eier
- 500 g Magerquark
- 1 Prise Salz
- 1 Prise Vanillepulver
- 1 TL Backpulver
- Öl zum Einfetten der 4 Förmchen (Füllvermögen mind. 250 ml) bzw. 1 Auflaufform (Füllvermögen mind. 1000 ml)

1. Backofen auf 170 °C Umluft vorheizen.
2. Heidelbeeren waschen und abtrocknen.
3. Alle Zutaten bis auf die Heidelbeeren in einer Schüssel mit dem Handmixer verrühren.
4. Heidelbeeren unterheben und Teig in die Förmchen oder Auflaufform füllen.
5. Auflauf 20–25 Minuten im Ofen backen. Mit der Stäbchenprobe testen, ob er schon durchgegart ist. Bleibt am Stäbchen noch etwas Teig kleben, die Backzeit etwas verlängern.

Tipps und Aufbewahrung:

Im Kühlschrank bis zu 5 Tage haltbar.
Beliebig variierbar mit Obst und Beeren nach Wahl, z. B. Erdbeeren, Himbeeren, Kirschen.
Zum Einfrieren geeignet.

► Der **Heidelbeer-Grieß-Auflauf ist für folgende Mahlzeiten geplant (siehe Wochenplan 3 ab S. 61):** jeweils 1 Stück Dienstag und Donnerstag als Frühstück und 2 Stück als Abendessen am Mittwoch

Kichererbsensalat im Glas

Für 2 Portionen
Pro Portion:
355 kcal / 28,4 g KH / 11,4 g P / 17,4 g F

4 EL Essig, z. B. Balsamico bianco
3 EL Öl, z. B. Olivenöl
1 Prise Erythrit oder Süße nach Belieben
Salz, Pfeffer
½ TL getr. Kräuter, z. B. Basilikum
1 Stück Salatgurke
2 Tomaten
1 gelbe Paprikaschote
1 kleine Dose Kichererbsen (285 g Abtropfgewicht)
1 Handvoll Blattsalat, z. B. Lollo rosso

1. Essig, Öl, Erythrit und Gewürze in einer Schüssel vermischen und gleichmäßig in 2 Gläser verteilen.
2. Gurke, Tomaten und Paprika waschen und abtrocknen. Paprikaschote entkernen. Das Gemüse in kleine Stücke schneiden. Kichererbsen in einem Sieb abtropfen lassen.
3. Salat waschen und trocken schütteln oder mit Küchenpapier trocken tupfen.
4. Gemüse, Kichererbsen und Salat auf die beiden Gläser verteilen und diese mit einem Deckel verschließen.

Tipps und Aufbewahrung:

Im Kühlschrank bis zu 4 Tage haltbar. Vor dem Verzehr im geschlossenen Glas schütteln, damit sich das Dressing gut verteilt.

▶ **Kichererbsensalat im Glas ist für folgende Mahlzeiten geplant (siehe Wochenplan 3 ab S. 61):** Montag, Abendessen, und Dienstag, Mittagessen

Gebratene Hähnchenwürfel

Für 3 Portionen
Pro Portion:
210 kcal / 0 g KH / 34,5 g P / 7,8 g F

3 Hähnchenbrustfilets (à 150 g)
Paprikapulver edelsüß oder rosenscharf
Salz, Pfeffer
2 EL Öl, z. B. Olivenöl

1. Hähnchenbrustfilets abspülen, trocken tupfen und in Würfel schneiden. In eine Schüssel geben und kräftig würzen. Mindestens 5 Minuten ziehen lassen.
2. Öl in einer Pfanne erhitzen, Hähnchenwürfel dazugeben und rundherum braten und in 5–8 Minuten durchgaren.

Tipps und Aufbewahrung:

Im Kühlschrank bis zu 5 Tage haltbar. Zum Einfrieren geeignet.
Kann man als Basis für viele Gerichte verwenden oder als Füllung von leckeren Wraps mit etwas Salat. Auch anderes Fleisch wie Rindfleisch oder Tofu als vegane Variante ist geeignet.

Folgende Mahlzeiten werden damit erstellt (siehe Wochenplan 3 ab S. 61):

Mittwoch, Mittagessen ► 1 Portion Gebratene Hähnchenwürfel, 2 Portionen **Tomatensauce (S. 39)**, 250 gegarte Nudeln (110 g trocken), siehe S. 65, z. B. Rigatoni

Donnerstag, Abendessen ► 1 Portion Gebratene Hähnchenwürfel, 2 Portionen **Tomatensauce (S. 39)**

Freitag, Mittagessen ► 1 Portion Gebratene Hähnchenwürfel, 1 Portion **Gemüse vom Blech (S. 68)**, 1 Portion **Tomatensauce (S. 39)**, 150 g gekochter Reis (ca. 50 g trocken), siehe S. 65

Kichererbsencurry

Für 3 Portionen
Pro Portion:
233 kcal / 28,9 g KH / 11,2 g P / 5,6 g F

1 Zwiebel
1 EL Öl, z. B. Olivenöl
1 große Dose Kichererbsen (480 g Abtropfgewicht)
4 Portionen *Tomatensauce (S. 39)*
Salz, Pfeffer
Paprikapulver edelsüß und rosenscharf

1. Zwiebel abziehen und hacken.
2. Öl in einem Topf erhitzen und Zwiebel darin 1 Minute dünsten.
3. Kichererbsen in ein Sieb abgießen, zugeben und 5 Minuten mitdünsten.
4. Tomatensauce hinzufügen, das Curry würzen und in ca. 5 Minuten bei mittlerer Hitze fertig garen.

Tipps und Aufbewahrung:

Im Kühlschrank bis zu 5 Tage haltbar. Zum Einfrieren geeignet.

Folgende Mahlzeiten werden damit erstellt (siehe Wochenplan 3 ab S. 61):

Donnerstag, Mittagessen ▶ 1 Portion Kichererbsencurry, 1 Portion **Gemüse vom Blech (S. 68)**, ca. 250 g gegarter Reis (90 g trocken), siehe S. 65

Freitag, Abendessen ▶ 2 Portionen Kichererbsencurry

WOCHENPLAN 4

Samstag Einkauf der Lebensmittel nach Bedarfsliste (S. 79)
Sonntag Meal-Prep-Tag

	Frühstück	Mittagessen	Abendessen
Montag	1 Portion **Granola (S. 67)**, 150 ml Milch (1,5 % Fett), 6 Mandeln	1 Lachsfilet (ohne Gemüse) aus **Lachs-Gemüse-Päckchen (S. 82)**, 1 Portion **Gebratener Blumenkohlreis (S. 84)**	1 Portion **Hüttenkäsesalat (S. 86)**, 1 Vollkornbrötchen

1409 kcal	319 kcal	611 kcal	479 kcal
Dienstag	1 Portion **Granola (S. 67)**, 200 g Griechischer Sahnejoghurt Natur (10 % Fett), 50 g Heidelbeeren	1 **Lachs-Gemüse-Päckchen** und das Gemüse aus dem zweiten Päckchen **(S. 82)**	1 Portion **Nussiger, bunter Salat im Glas (S. 87)**, 1 Portion **Joghurtdressing (S. 88)**, 1 Vollkornbrötchen

1368 kcal	428 kcal	484 kcal	456 kcal

Mittwoch

1 Portion **Granola (S. 67)**, 150 ml Milch (1,5 % Fett), 6 Mandeln

319 kcal

1 Portion **Ratatouille (S. 90)**, 1 Portion **Blumenkohlreis (S. 78 unten)**

470 kcal

1 Portion **Hüttenkäse-Dip mit Knabbergemüse (S. 89)**

1 Portion **Eier-Blumenkohlreis (S. 92)**

638 kcal

1427 kcal

Donnerstag

1 Portion **Granola (S. 67)**, 200 g Griechischer Sahnejoghurt Natur (10 % Fett), 50 g Heidelbeeren

428 kcal

1 Portion **Ratatouille (S. 90)**, 1 Portion **Hähnchen aus dem Backofen (S. 93)**

462 kcal

1 Portion **Nussiger, bunter Salat im Glas (S. 87)**, 1 Portion **Joghurtdressing (S. 88)**, 1 Vollkornbrötchen

456 kcal

1346 kcal

Freitag	1 Portion **Granola (S. 67)**, 150 ml Milch (1,5 % Fett), 6 Mandeln	1 Portion **Zucchininudeln mit Erdnusssauce (S. 94)**, 1 Portion **Hähnchen aus dem Backofen (S. 93)**	1 Portion **Hüttenkäse-Dip mit Knabbergemüse (S. 89)**, 1 Vollkornbrötchen

1377 kcal	319 kcal	685 kcal	373 kcal

Hinweise zu Wochenplan 4:

Granola:
5 Portionen Granola für das Frühstück in dieser Woche wurden bereits in Wochenplan 3 vorbereitet.

Blumenkohlreis für das Mittagessen am Mittwoch:
250 g Blumenkohl in Reiskerngröße zerkleinern oder raspeln. Am Tag des Verzehrs einfach mit der Ratatouille vermischen und erwärmen. Die Menge an Blumenkohl ist bereits in der Bedarfsliste auf S. 79 eingefügt.

BEDARFSLISTE

- ☐ 100 g Heidelbeeren
- ☐ 1 Bio-Zitrone
- ☐ 80 g gemischter Salat nach Belieben, z. B. Lollo rosso und Rucola gemischt
- ☐ 450 g + 3 Karotten
- ☐ 200 g + 6 Kirschtomaten
- ☐ 950 g Zucchini
- ☐ 1 kleine Aubergine (ca. 250 g)
- ☐ 4 rote Paprikaschoten
- ☐ 750 g frischer Blumenkohl
- ☐ 1 Salatgurke (ca. 300 g), 1 kleine Salatgurke (ca. 200 g), 1 Stück Salatgurke
- ☐ 2 Stängel Stangensellerie
- ☐ 2 Zwiebeln
- ☐ 2 Knoblauchzehen
- ☐ 1 Stängel Petersilie oder ½ TL getr. Petersilie
- ☐ 1 TL gehackte Kräuter, z. B. Petersilie, Schnittlauch, Basilikum
- ☐ 2 Zweige Rosmarin
- ☐ 2 Hähnchenbrustfilets (à 150 g)
- ☐ 2 Lachsfilets (à 125 g)
- ☐ 450 ml Milch (1,5 % Fett)
- ☐ 750 g Griechischer Sahnejoghurt Natur (10 % Fett)
- ☐ 400 g Hüttenkäse, Halbfettstufe (4 % Fett)
- ☐ 60 g Frischkäse, leicht (bis 5 % Fett)
- ☐ 2 Eier
- ☐ 250 g passierte Tomaten
- ☐ 2 Vollkornbrötchen
- ☐ 30 g Walnüsse
- ☐ 18 Mandeln
- ☐ 20 g Erdnussmus
- ☐ 1 Prise Erythrit oder Süßungsmittel nach Belieben
- ☐ Salz, z. B. Meersalz
- ☐ Pfeffer
- ☐ Currypulver
- ☐ Paprikapulver edelsüß oder rosenscharf
- ☐ 2 EL getr. Oregano
- ☐ 1 TL getr. Petersilie
- ☐ 200 g Gemüsebrühe
- ☐ 3 EL Essig, z. B. Balsamico bianco
- ☐ 10 EL Öl, z. B. Olivenöl

MEAL-PREP-TAG IM ZEITLICHEN ÜBERBLICK

Meal-Prep-Zeit für Wochenplan 4: ca. 2 Stunden (ohne Abkühlzeit)

Vorbereitende Arbeiten:

Die Vorbereitung ist für alle gedacht, die den gesamten Wochenplan so übernehmen möchten. Die hier genannten Verarbeitungsschritte werden auch in den jeweiligen Rezepten beschrieben, sodass Sie bei Bedarf jedes Gericht außerhalb Ihres Ernährungsplans kochen und eigene Wochenpläne zusammenstellen können.

10 Minuten

Obst, Gemüse, Salat und Kräuter vorbereiten:

Obst und Gemüse waschen und abtrocknen.

Salat und frische Kräuter waschen und trocken schütteln oder trocken schleudern.

Diese Arbeiten werden parallel ausgeführt:

40 Minuten **Lachs-Gemüse-Päckchen (S. 82)** und **Hähnchen aus dem Backofen (S. 93)** vorbereiten, dann beides in den Ofen geben und 20–25 Minuten bei 170 °C Umluft garen.	750 g Blumenkohl zu Blumenkohlreis verarbeiten. 250 g in einen Behälter geben (für Mittagessen am Mittwoch) Restlichen Blumenkohlreis zu **Gebratenem Blumenkohlreis (S. 84)** weiterverarbeiten. **Eier-Blumenkohlreis (S. 92)** zubereiten. **Zucchininudeln (S. 94)** schneiden.
30 Minuten **Ratatouille (S. 90)** kochen.	**Joghurtdressing (S. 88)**, **Hüttenkäse-Dip (S. 89)** und **Erdnusssauce (S. 94)** zubereiten.
30 Minuten **Hüttenkäsesalat (S. 86)**, **Nussigen, bunten Salat im Glas (S. 87)** und **Knabbergemüse (S. 89)** zusammenstellen.	

Alle zubereiteten Speisen abkühlen lassen!

10 Minuten
Portionieren der Gerichte:
Folgende Gerichte bereits portionsweise in Behältern zusammenstellen (bitte beachten Sie dazu die Bilder von Wochenplan 4 ab S. 76) und in den Kühlschrank geben oder evtl. einfrieren (bitte beachten Sie die Hinweise zu den Aufbewahrungsmöglichkeiten bei den einzelnen Rezepten):

- **Für Montag, Mittagessen**: 1 Lachsfilet (ohne Gemüse) von Lachs-Gemüse-Päckchen (S. 82) und 1 Portion Gebratener Blumenkohlreis (S. 84)

- **Für Dienstag, Mittagessen**: 1 Lachs-Gemüse-Päckchen und das Gemüse aus dem zweiten Päckchen (S. 82)

- **Für Mittwoch, Mittagessen:** 1 Portion Ratatouille (S. 90) zum bereits vorbereiteten Blumenkohlreis (250 g, siehe S. 78 unten)

- **Für Donnerstag, Mittagessen**: 1 Portion Ratatouille (S. 90) mit 1 Portion Hähnchen aus dem Backofen (S. 93), in Scheiben geschnitten

- **Für Freitag, Mittagessen**: 1 Portion Zucchininudeln mit Erdnusssauce (S. 94) und 1 Portion Hähnchen aus dem Backofen (S. 93)

Nun alle zubereiteten Speisen in Behälter verpacken und in den Kühlschrank oder, falls gefriergeeignet, in den Gefrierschrank geben (für die Gerichte ab Tag 3 bei gefriergeeigneten Mahlzeiten empfohlen).

Lachs-Gemüse-Päckchen

Für 2 Stück
Pro Portion:
368 kcal / 7 g KH / 27,6 g P / 23,5 g F

1 Bio-Zitrone
2 Lachsfilets (à 125 g)
Salz, z. B. Meersalz
Pfeffer
200 g Zucchini
200 g Karotten
1 Stängel Petersilie oder ½ TL getr. Petersilie
2 EL Öl, z. B. Olivenöl

1. Backofen auf 170 °C Umluft vorheizen.
2. Zitrone waschen und abtrocknen. Die Hälfte auspressen, die andere Hälfte in Scheiben oder Stücke schneiden.
3. Lachsfilets waschen und mit Küchenpapier trocken tupfen.
4. Mit Zitronensaft beträufeln und auf beiden Seiten mit Salz und Pfeffer würzen.
5. Zucchini und Karotten waschen, abtrocknen und mit einem Sparschäler längs in Streifen schneiden (Bandnudelform).
6. Petersilie waschen, trocken schütteln und klein hacken.
7. 2 Blätter Backpapier auslegen. Erst die Karotten- und Zucchinistreifen zu gleichen Teilen übereinandergestapelt auf die Backpapierblätter geben und Petersilie darauf verteilen. Dann jeweils 1 Lachsfilet daraufsetzen.
8. Über jedes Lachsfilet 1 EL Olivenöl träufeln.
9. Zitronenscheiben halbieren und auf den Lachsfilets verteilen. Die Backpapierbögen jeweils zu Päckchen verschließen, z. B. an beiden Enden zudrehen.
10. Auf ein Backblech setzen und im Backofen etwa 20 Minuten garen.

Tipps und Aufbewahrung:

Im Kühlschrank bis zu 3 Tage haltbar. Zum Einfrieren geeignet.
Anstatt Lachs kann man auch anderen festfleischigen Fisch verwenden, z. B. Kabeljau. Bei einem dünneren Fischfilet die Garzeit im Backofen reduzieren.

Folgende Mahlzeiten werden damit erstellt (siehe Wochenplan 4 ab S. 76):
Montag, Mittagessen ▶ 1 Portion Lachsfilet (ohne Gemüse) aus Lachs-Gemüse-Päckchen, 1 Portion **Gebratener Blumenkohlreis (S. 84)**
Dienstag, Mittagessen ▶ 1 Lachs-Gemüse-Päckchen + Gemüse aus dem zweiten Päckchen

Gebratener Blumenkohlreis

Für 2 Portionen
Pro Portion:
243 kcal / 19 g KH / 8,7 g P / 10,9 g F

1 Zwiebel
1 Knoblauchzehe
150 g Karotten
200 g Zucchini
1 rote Paprikaschote
500 g frischer Blumenkohl
2 EL Öl, z. B. Olivenöl
200 g Gemüsebrühe
Currypulver
Paprikapulver edelsüß
Salz

1. Zwiebel und Knoblauchzehe abziehen und klein hacken.
2. Karotten schälen und in Scheiben schneiden.
3. Zucchini waschen, abtrocknen, halbieren und klein schneiden.
4. Paprikaschote entkernen, waschen und in Würfel schneiden.
5. Blumenkohl waschen, raspeln oder in Küchenmaschine zu Reiskorngröße verarbeiten.
6. Öl in einer Pfanne erhitzen. Zwiebel und Knoblauch darin andünsten.
7. Zucchini und Karottenstücke dazugeben und anbraten.
8. Anschließend die Blumenkohlraspel hinzufügen und weiterbraten.
9. Mit Gemüsebrühe ablöschen und mit Currypulver, Paprikapulver sowie Salz würzen.
10. Danach die Paprikastücke dazugeben und alles in ca. 10 Minuten bei geschlossenem Deckel und niedriger Hitze fertig garen.

Tipps und Aufbewahrung:

Im Kühlschrank bis zu 5 Tage haltbar. Zum Einfrieren geeignet.

Folgende Mahlzeiten werden damit erstellt (siehe Wochenplan 4 ab S. 76):
Montag, Mittagessen ▶ 1 Portion Gebratener Blumenkohlreis, 1 gedünstetes Lachsfilet (ohne Gemüse) aus **Lachs-Gemüse-Päckchen (S. 82)**
Mittwoch, Abendessen ▶ 1 Portion **Eier-Blumenkohlreis (S. 92)**, 1 Portion **Hüttenkäse-Dip mit Knabbergemüse (S. 89)**

Hüttenkäsesalat

Für 1 Portion
Pro Portion:
253 kcal / 11,8 g KH / 26,4 g P / 9,7 g F

1 kleine Salatgurke (ca. 200 g)
100 g Kirschtomaten
200 g Hüttenkäse, Halbfettstufe (4 % Fett)
Salz, Pfeffer
1 EL Öl, z. B. Olivenöl
1 EL Essig, z. B. Balsamico bianco

1. Gurke waschen und abtrocknen, dann längs halbieren, vierteln und achteln. Das wässrige Fruchtfleisch herausschneiden und die Gurkenstücke in kleine Würfel schneiden.
2. Kirschtomaten waschen und halbieren.
3. Gurke, Tomaten, Hüttenkäse und Öl in einem Behälter vermischen und mit Salz, Pfeffer und Essig abschmecken.

Tipps und Aufbewahrung:

Im Kühlschrank bis zu 3 Tage haltbar.

► **Hüttenkäsesalat ist am Montag als Abendessen geplant (siehe Wochenplan 4, S. 76).**

Nussiger, bunter Salat im Glas

Für 2 Portionen
Pro Portion:
146 kcal / 7,1 g KH / 4,1 g P / 10,3 g F

80 g gemischter Salat nach Belieben, z. B. Lollo rosso und Rucola
6 Kirschtomaten
½ rote Paprikaschote
1 Stück Salatgurke
1 Karotte
30 g Walnüsse
2 Gläser oder Behälter mit einem Füllvermögen von mind. 600 ml

1. Salat verlesen, waschen und trocken schleudern oder mit Küchenpapier trocken tupfen.
2. Tomaten, Paprika, Gurke und Karotte waschen und abtrocknen.
3. Paprika entkernen, dann in Streifen schneiden.
4. Gurke in Scheiben schneiden.
5. Karotte raspeln.
6. Walnüsse evtl. kleiner brechen oder hacken.
7. 2 Gläser jeweils zu gleichen Teilen mit Karottenraspeln, Kirschtomaten, Walnüssen, Gurkenscheiben, Paprikastücken und Salat befüllen und mit Deckel verschließen.

Tipps und Aufbewahrung:

Salat immer gut trocken schleudern. Das Dressing erst am Tag des Verzehrs einfüllen.

► **Der Nussige, bunte Salat ist mit jeweils 1 Portion Joghurtdressing (S. 88) für folgende Mahlzeiten geplant (siehe Wochenplan 4 ab S. 76):** Dienstag und Donnerstag als Abendessen

Joghurtdressing

Für 2 Portionen
Pro Portion:
182 kcal / 4,9 g KH / 6,9 g P / 14,6 g F

200 g Griechischer Sahnejoghurt Natur (10 % Fett)
2 EL Essig, z. B. Balsamico bianco
1 EL Öl, z. B. Olivenöl
1 TL gehackte Kräuter, z. B. Petersilie, Schnittlauch, Basilikum
1 Prise Erythrit oder Süßungsmittel nach Belieben
Salz, Pfeffer

Alle Zutaten mixen, in eine Flasche oder ein Glas abfüllen und verschließen.

Tipps und Aufbewahrung:

Im Kühlschrank mindestens 7 Tage haltbar. Vor dem Verzehr nochmals im verschlossenen Behälter schütteln oder gut durchrühren. Auch ideal als Dressing auf Vorrat in größerer Menge. Das Dressing immer mit einem sauberen Löffel entnehmen oder ausgießen, damit die Haltbarkeit nicht beeinträchtigt wird.

► **Joghurtdressing ist mit jeweils 1 Portion Nussigem, buntem Salat (S. 87) für folgende Mahlzeiten geplant (siehe Wochenplan 4 ab S. 76):** Dienstag und Donnerstag als Abendessen

Hüttenkäse-Dip mit Knabbergemüse

Für 2 Portionen
Pro Portion:
245 kcal / 20,1 g KH / 19,7 g P / 6,5 g F

200 g Hüttenkäse, Halbfettstufe (4 % Fett)
60 g Frischkäse, leicht (bis 5 % Fett)
Salz, Pfeffer
1 TL getr. Petersilie
1½ rote Paprikaschoten
2 Stängel Stangensellerie
2 Karotten
1 Salatgurke (ca. 300 g)

1. Hüttenkäse in einem Glas mit Frischkäse vermengen und mit Salz, Pfeffer und Petersilie abschmecken.
2. Gemüse waschen und abtrocknen.
3. Paprikaschoten entkernen, Stangensellerie putzen, Karotten nach Bedarf schälen. Danach das Gemüse zu Sticks schneiden und mit dem Dip verzehren.

Tipps und Aufbewahrung:

Im Kühlschrank bis zu 5 Tage haltbar. Weitere Ideen für Knabbergemüse: Kirschtomaten, Kohlrabi, gelbe und grüne Paprikaschoten, Brokkoli und anderes. Mit frisch gehackten Kräutern genießen.

Folgende Mahlzeiten werden damit erstellt (siehe Wochenplan 4 ab S. 76):
Mittwoch, Abendessen ► 1 Portion Hüttenkäse-Dip mit Knabbergemüse, 1 Portion **Eier-Blumenkohlreis (S. 92)**
Freitag, Abendessen ► 1 Portion Hüttenkäse-Dip mit Knabbergemüse

Ratatouille

Für 2 Portionen
Pro Portion:
227 kcal / 22,1 g KH / 7,9 g P / 10,5 g F

1 Zwiebel
1 Knoblauchzehe
1 kleine Aubergine (ca. 250 g)
250 g Zucchini
100 g Karotten
2 EL Öl, z. B. Olivenöl
250 g passierte Tomaten
Salz, Pfeffer
2 EL getr. Oregano
1 rote Paprikaschote
100 g Kirschtomaten

1. Zwiebel und Knoblauchzehe abziehen und klein hacken.
2. Aubergine und Zucchini waschen, abtrocknen und in Stücke schneiden.
3. Karotten schälen und in Scheiben schneiden.
4. Öl in einer Pfanne erhitzen. Zwiebel- und Knoblauchstücke darin anbraten.
5. Zucchini-, Auberginen- und Karottenstücke hinzufügen und kurz mitdünsten.
6. Mit den passierten Tomaten ablöschen und mit Salz, Pfeffer und Oregano würzen. Alles 5 Minuten köcheln lassen.
7. Paprikaschote entkernen, waschen und in Würfel schneiden. Würfel in die Pfanne geben und alles köcheln lassen, bis das Gemüse gar ist, je nach gewünschter Bissfestigkeit dauert das 10–15 Minuten.
8. Kirschtomaten waschen, abtrocknen und in Viertel schneiden. Zur Ratatouille geben und untermischen.
9. Mit Salz und Pfeffer abschmecken.

Tipps und Aufbewahrung:

Im Kühlschrank bis zu 4 Tage haltbar. Zum Einfrieren geeignet. Mit frisch gehackten Kräutern genießen.

Folgende Mahlzeiten werden damit erstellt (siehe Wochenplan 4 ab S. 76):
Mittwoch, Mittagessen ► 1 Portion Ratatouille, 1 Portion **Blumenkohlreis (S. 78 unten)**
Donnerstag, Mittagessen ► 1 Portion Ratatouille, 1 Portion **Hähnchen aus dem Backofen (S. 93)**, in Scheiben geschnitten

Eier-Blumenkohlreis

Für 1 Portion
Pro Portion:
393 kcal / 20,7 g KH / 21,7 g P / 21,1 g F

2 Eier
1 Portion *Gebratener Blumenkohlreis (S. 84)*
Salz, Pfeffer
Einmachglas mit 750 ml Füllvermögen

1. Eier in einer Schüssel mit dem Schneebesen verquirlen.
2. Gebratenen Blumenkohlreis in einer Pfanne erhitzen. Verquirlte Eier darübergeben und unter Rühren so lange braten, bis das Ei krümelig ist.
3. Mit Salz und Pfeffer abschmecken.

Tipps und Aufbewahrung:

Abgefüllt beispielsweise in ein verschließbares Einmachglas im Kühlschrank bis zu 5 Tage haltbar. Zum Einfrieren geeignet.

► **Eier-Blumenkohlreis ist zusammen mit 1 Portion Hüttenkäse-Dip mit Knabbergemüse (S. 89) am Mittwoch als Abendessen geplant (siehe Wochenplan 4, S. 77).**

Hähnchen aus dem Backofen

Für 2 Portionen
Pro Portion:
235 kcal / 0 g KH / 34,5 g P / 10,7 g F

2 Zweige Rosmarin
2 EL Öl, z. B. Olivenöl
Paprikapulver edelsüß oder rosenscharf
Salz, Pfeffer
2 Hähnchenbrustfilets (à 150 g)
1 kleine Auflaufform, z. B. 31 × 20 cm

1. Backofen auf 170 °C Umluft vorheizen.
2. Rosmarin waschen und trocken schütteln.
3. Olivenöl, Paprikapulver, Salz und Pfeffer in einer Schüssel zu einer Marinade verrühren.
4. Backpapier in die Auflaufform geben.
5. Hähnchenbrustfilets abspülen, trocken tupfen und rundherum mit der Marinade bestreichen. In die Auflaufform legen, den Rosmarin hinzufügen und mit Backpapier zudecken.
6. Im Backofen 20–25 Minuten garen.

Tipps und Aufbewahrung:

Im Kühlschrank bis zu 5 Tage haltbar. Zum Einfrieren geeignet.
Die Hähnchenbrustfilets kann man auch in der Pfanne herausbraten.

Folgende Mahlzeiten werden damit erstellt (siehe Wochenplan 4 ab S. 77):
Donnerstag, Mittagessen ► 1 Portion Hähnchen aus dem Backofen in Scheiben geschnitten, 1 Portion **Ratatouille (S. 90)**
Freitag, Mittagessen ► 1 Portion Hähnchen aus dem Backofen, 1 Portion **Zucchininudeln mit Erdnusssauce (S. 94)**

Zucchininudeln mit Erdnusssauce

Für 1 Portion
Pro Portion:
450 kcal / 17,4 g KH / 24,2 g P / 31 g F

300 g Zucchini
20 g Erdnussmus
150 g Griechischer Sahnejoghurt Natur (10 % Fett)
Salz, Pfeffer

1. Zucchini waschen, abtrocknen und mit einem Spiralschneider zu Zucchininudeln verarbeiten.
2. Erdnussmus und Griechischen Joghurt in einer Schüssel gut verrühren und mit Salz und Pfeffer abschmecken.

Tipps und Aufbewahrung:

Im Kühlschrank bis zu 5 Tage haltbar. Zum Einfrieren geeignet. Das Gericht schmeckt warm und kalt. Die Erdnusssauce separat in einen Behälter geben und vor dem Verzehr nochmals gut durchrühren.
Sehr gut zu kombinieren mit Hähnchen wie in diesem Beispiel oder auch mit gebratenem Fisch oder Tofuwürfeln.
Falls man keinen Spiralschneider zur Hand hat, können die Zucchininudeln auch mit einem Sparschäler in Bandnudelform geschnitten werden.

► **Zucchininudeln mit Erdnusssauce sind zusammen mit 1 Portion Hähnchen aus dem Backofen (S. 93) am Freitag als Mittagessen geplant.**

WOCHENPLAN 5

Samstag Einkauf der Lebensmittel nach Bedarfsliste (S. 97)
Sonntag Meal-Prep-Tag

	Frühstück	Mittagessen	Abendessen
Montag	1 **Grüner Apfel-Blattspinat-Smoothie (S. 100)**	1 Portion **Blumenkohl-Süßkartoffel-Curry (S. 105)**	1 Portion **Puten-Zucchini-Frikadellen mit Gemüseallerlei (S. 108)**, 1 Portion **Joghurtsauce (S. 110)**

1446 kcal	235 kcal	323 kcal + 1 Vollkornbrötchen 128 kcal	760 kcal
Dienstag	1 **Erdbeer-Smoothie (S. 102)**	1 Portion **Blumenkohl-Nuggets (S. 112)**, 1 Portion **Joghurtsauce (S. 110)**	1 Portion **Blumenkohl-Süßkartoffel-Curry (S. 105)**

1372 kcal	250 kcal	671 kcal	323 kcal + 1 Vollkornbrötchen 128 kcal

Mittwoch	1 **Grüner Apfel-Blattspinat-Smoothie (S. 100)**	1 Portion **Puten-Zucchini-Frikadellen mit Gemüseallerlei (S. 108)**, 1 Portion **Joghurtsauce (S. 110)**	1 Portion **Regenbogensalat im Glas (S. 114)**

1392 kcal	235 kcal	760 kcal	397 kcal
Donnerstag	1 **Erdbeer-Smoothie (S. 102)**	1 Portion **Blumenkohl-Nuggets (S. 112)**, 1 Portion **Joghurtsauce (S. 110)**	1 Portion **Blumenkohl-Süßkartoffel-Curry (S. 105)**

1372 kcal	250 kcal	671 kcal	323 kcal + 1 Vollkornbrötchen 128 kcal
Freitag	1 **Heidelbeer-Haferflocken-Smoothie (S. 104)**	1 **Puten-Burger (S. 113)**, 1 Portion **Joghurtsauce (S. 110)**	1 Portion **Regenbogensalat im Glas (S. 114)**

1347 kcal	373 kcal	577 kcal	397 kcal

Hinweise zu Wochenplan 5:

Smoothies:

Früchte und Grün für die Smoothies zum Frühstück von Montag bis Freitag kann man in sogenannten »Smoothie Pack«-Kombinationen einfrieren. Morgens wird das Smoothie-Pack einfach schnell (evtl. unter Zugabe von Süßungsmittel oder Flüssigkeit, je nach Rezept) zu einem frischen Smoothie gemixt.

BEDARFSLISTE

- ☐ 2 Granny-Smith-Äpfel
- ☐ 5 Bananen
- ☐ 250 g Erdbeeren
- ☐ 125 g Heidelbeeren
- ☐ 1 Salatblatt, z. B. Lollo rosso*
- ☐ 300 g Blattspinat
- ☐ 1 kg Blumenkohl
- ☐ 450 g Brokkoli
- ☐ 500 g Süßkartoffeln
- ☐ 1 Karotte
- ☐ 1 Tomate
- ☐ 1 rote Paprikaschote
- ☐ 1 gelbe Paprikaschote
- ☐ 150 g + 1 Stück Zucchini
- ☐ 1 kleine Zwiebel
- ☐ 2 rote Zwiebeln
- ☐ 1 Knoblauchzehe
- ☐ 400 g Geflügelhackfleisch, z. B. Pute
- ☐ 150 g Parmesan, gerieben, oder Reibekäse
- ☐ 3 Eier
- ☐ 450 ml Milch (3,5 % Fett) oder ungesüßte Mandelmilch
- ☐ 500 g Griechischer Sahnejoghurt Natur (10 % Fett)
- ☐ 250 ml Kochsahne (7 % Fett)
- ☐ 300 g TK-Erbsen
- ☐ 1 kleine Dose Mais (140 g Abtropfgewicht)
- ☐ 1 Brötchen, z. B. Vollkornbrötchen oder Burger-Bun
- ☐ 4 EL Haferflocken
- ☐ 5 EL Mehl, z. B. Dinkelmehl
- ☐ 1 TL Tomatenmark
- ☐ 2 TL gelbe Currypaste (optional)
- ☐ 2 TL Honig, Agavendicksaft oder Süßungsmittel nach Belieben
- ☐ 2 EL Zitronensaft
- ☐ 2 TL getr. oder 2 EL frische Petersilie, gehackt
- ☐ 2 TL getr. Kräuter, z. B. Basilikum, Dill oder Petersilie
- ☐ Salz, Pfeffer
- ☐ Kräutersalz
- ☐ 1 ½ EL Currypulver
- ☐ 500 g Gemüsebrühe
- ☐ 4 EL Essig, z. B. Balsamico bianco
- ☐ 5 EL Öl, z. B. Olivenöl

*Restlichen Salat einfach als Zwischenmahlzeit genießen.

MEAL-PREP-TAG IM ZEITLICHEN ÜBERBLICK

Meal-Prep-Zeit für Wochenplan 5: ca. 2 Stunden (ohne Abkühlzeit)

Vorbereitende Arbeiten:
Die Vorbereitung ist für alle gedacht, die den gesamten Wochenplan so übernehmen möchten. Die hier genannten Verarbeitungsschritte werden auch in den jeweiligen Rezepten beschrieben, sodass Sie bei Bedarf jedes Gericht außerhalb Ihres Ernährungsplans kochen und eigene Wochenpläne zusammenstellen können.

10 Minuten
Obst, Gemüse und Salat vorbereiten:
Obst und Gemüse waschen und abtrocknen.
Salat waschen und trocken schütteln oder trocken schleudern.

Diese Arbeiten werden parallel ausgeführt:

45 Minuten **Blumenkohl-Nuggets (S. 112)** zubereiten und bei 170 °C Umluft 20–25 Minuten im Ofen backen.	**Blumenkohl-Süßkartoffel-Curry (S. 105)** kochen.	**Joghurtsauce (S. 110)** anrühren.
40 Minuten **Puten-Zucchini-Frikadellen (S. 106)** herausbraten.	**Gemüseallerlei (S. 108)** garen.	**Regenbogensalat im Glas (S. 114)** zubereiten.
15 Minuten Smoothie-Packs für die Frühstückssmoothies von Montag bis Freitag zusammenstellen.		

Alle zubereiteten Speisen abkühlen lassen!

10 Minuten
Portionieren der Gerichte:
Folgende Gerichte bereits portionsweise in Behältern zusammenstellen (bitte beachten Sie dazu die Bilder von Wochenplan 5 ab S. 95) und in den Kühlschrank geben oder evtl. einfrieren (bitte beachten Sie die Hinweise zu den Aufbewahrungsmöglichkeiten bei den einzelnen Rezepten):

- **Für Montag, Mittagessen, und Dienstag und Donnerstag, Abendessen**: jeweils 1 Portion Blumenkohl-Süßkartoffel-Curry (S. 105)
- **Für Montag, Abendessen, und Mittwoch, Mittagessen**: jeweils 1 Portion Puten-Zucchini-Frikadellen mit Gemüseallerlei (S. 108) und 1 Portion Joghurtsauce (S. 110) in einem separaten Behälter
- **Für Dienstag, Mittagessen:** 1 Portion Blumenkohl-Nuggets (S. 95) und 1 Portion Joghurtsauce (S. 110) in einem separaten Behälter
- **Für Freitag, Mittagessen**: Putenburger-Zutaten in einem Behälter (ohne Brötchen) und 1 Portion Joghurtsauce (S. 110) in einem separaten Behälter

Nun alle zubereiteten Speisen in den Kühlschrank oder, falls gefriergeeignet, in den Gefrierschrank geben (für die Gerichte ab Tag 3 bei gefriergeeigneten Mahlzeiten empfohlen).

Grüner Apfel-Blattspinat-Smoothie

Für 2 Portionen
Pro Portion:
235 kcal / 52,4 g KH / 3,9 g P / 0,9 g F

150 g Blattspinat
2 Granny-Smith-Äpfel
2 EL Zitronensaft
2 Bananen
2 TL Honig, Agavendicksaft oder Süßungsmittel nach Belieben
300 ml kaltes Wasser

1. Blattspinat und Äpfel waschen. Blattspinat verlesen und abtropfen lassen. Äpfel entkernen. Beides etwas zerkleinern. Zitronensaft in einer Schüssel mit den Apfelstücken vermischen.
2. Bananen schälen, in Scheiben schneiden und zusammen mit Blattspinat und Äpfeln jeweils zu gleichen Teilen in 2 gefriergeeignete Aufbewahrungsboxen oder Gefrierbeutel geben und einfrieren.
3. Jeweils 1 Smoothie-Pack am Tag des Verzehrs zusammen mit 1 TL Honig und 150 ml Wasser zu einem Smoothie pürieren.

Tipps und Aufbewahrung:

Falls man kein Gefrierfach zur Verfügung hat, kann man auch nur Blattspinat und Äpfel vorbereiten und im Kühlschrank lagern (für höchstens 3 Tage). Am Tag des Verzehrs dann Banane, Honig und Wasser zugeben.
Fertig püriert sollte der Smoothie innerhalb von 2 Tagen verzehrt werden.

▶ **Grüner Apfel-Blattspinat-Smoothie ist für folgende Mahlzeiten geplant (siehe Wochenplan 5 ab S. 95):** Montag und Mittwoch, Frühstück

Erdbeer-Smoothie

Für 2 Portionen
Pro Portion:
250 kcal / 38 g KH / 7,5 g P / 6 g F

250 g Erdbeeren
2 Bananen
300 ml Milch (3,5 % Fett) oder ungesüßte Mandelmilch

1. Erdbeeren waschen, trocken tupfen und Grün entfernen.
2. Bananen schälen, in Scheiben schneiden, mit den Erdbeeren zu gleichen Teilen in 2 gefriergeeignete Aufbewahrungsboxen oder Gefrierbeutel geben und einfrieren.
3. Am Tag des Verzehrs jeweils 1 Smoothie-Pack mit 150 ml Milch im Standmixer zu einem Smoothie pürieren.

Tipps und Aufbewahrung:

Falls man kein Gefrierfach zur Verfügung hat, kann man auch nur die Erdbeeren vorbereiten und im Kühlschrank lagern. Am Tag des Verzehrs gibt man dann Banane und Milch hinzu.
Fertig püriert sollte der Smoothie innerhalb von 2 Tagen verzehrt werden.

► **Der Erdbeer-Smoothie ist für folgende Mahlzeiten geplant (siehe Wochenplan 5 ab S. 95):** Dienstag und Donnerstag, Frühstück

Heidelbeer-Haferflocken-Smoothie

Für 1 Portion
Pro Portion:
373 kcal / 57,9 g KH / 11,1 g P / 8,3 g F

125 g Heidelbeeren
1 Banane
1 EL Haferflocken
150 ml Milch (3,5 % Fett) oder ungesüßte Mandelmilch

1. Heidelbeeren waschen und abtrocknen.
2. Banane schälen, in Scheiben schneiden und zusammen mit den Heidelbeeren und Haferflocken in eine gefriergeeignete Aufbewahrungsbox oder einen Gefrierbeutel geben und einfrieren.
3. Am Tag des Verzehrs mit der Milch in einem Standmixer zu einem Smoothie pürieren.

Tipps und Aufbewahrung:

Falls man kein Gefrierfach zur Verfügung hat, kann man auch nur die Heidelbeeren und Haferflocken vorbereiten und im Kühlschrank lagern. Am Tag des Verzehrs dann die Banane und Milch hinzugeben.

Fertig püriert sollte der Smoothie innerhalb von 2 Tagen verzehrt werden.

► **Heidelbeer-Haferflocken-Smoothie ist für das Frühstück am Freitag geplant (siehe Wochenplan 5, S. 96).**

Blumenkohl-Süßkartoffel-Curry

Für 3 Portionen
Pro Portion:
323 kcal / 29,2 g KH / 8,4 g P / 17,2 g F

- 500 g Blumenkohl
- 300 g Süßkartoffeln
- 150 g Blattspinat
- 2 EL Öl, z. B. Olivenöl.
- ½ TL getr. oder 1 EL frische Petersilie, gehackt
- 500 ml Gemüsebrühe
- 200 ml Kochsahne (15 % Fett)
- 1 TL Tomatenmark
- 2 TL gelbe Currypaste (optional)
- 1 ½ EL Currypulver
- Salz, Pfeffer

1. Blumenkohl waschen, trocken tupfen und klein schneiden.
2. Süßkartoffeln waschen, schälen und in Würfel schneiden.
3. Blattspinat waschen, abtropfen lassen, verlesen und hacken.
4. Öl in einem Topf erhitzen und Süßkartoffelwürfel darin kurz anbraten.
5. Restliche Zutaten bis auf den Blattspinat hinzufügen und 10 Minuten bei mittlerer Hitze und gelegentlichem Umrühren köcheln lassen.
6. Blattspinat hinzufügen, alles gut vermengen und in 5–10 Minuten fertig garen. Weiterhin gelegentlich umrühren.
7. Mit Salz und Pfeffer abschmecken.

Tipps und Aufbewahrung:

Im Kühlschrank bis zu 5 Tage haltbar. Zum Einfrieren geeignet.

▶ **Blumenkohl-Süßkartoffel-Curry ist für folgende Mahlzeiten geplant (siehe Wochenplan 5 ab S. 95):** Montag als Mittagessen; Dienstag und Donnerstag als Abendessen

Puten-Zucchini-Frikadellen

Für 5 Stück
Pro Stück:
191 kcal / 5,2 g KH / 16,6 g P / 11,2 g F

150 g Zucchini
Salz, Pfeffer
1 kleine Zwiebel
3 EL Haferflocken
400 g Geflügelhackfleisch, z. B. Pute
1 Ei
½ TL getr. oder 1 EL frische Petersilie, gehackt
1 EL Öl, z. B. Olivenöl

1. Zucchini waschen und grob raspeln. In einer Schüssel mit 1 Prise Salz vermengen und 5 Minuten ziehen lassen.
2. Zwiebel abziehen und klein hacken.
3. Haferflocken mahlen oder zerkleinern.
4. Zucchiniraspel durch ein Küchentuch pressen, um den Großteil der Flüssigkeit zu entfernen.
5. Alle Zutaten bis auf das Öl in einer Schüssel vermengen, mit Salz und Pfeffer würzen.
6. Öl in einer Pfanne erhitzen. Aus der Masse 5 Frikadellen formen und diese im Öl von beiden Seiten goldbraun und gar braten.

Tipps und Aufbewahrung:

Im Kühlschrank bis zu 5 Tage haltbar.

Folgende Mahlzeiten werden damit erstellt (siehe Wochenplan 5 ab S. 95):

Montag, Abendessen ▶ 1 Portion **Puten-Zucchini-Frikadellen mit Gemüseallerlei S. 108)**, 1 Portion **Joghurtsauce (S. 110)**

Mittwoch, Mittagessen ▶ 1 Portion **Puten-Zucchini-Frikadellen mit Gemüseallerlei (S. 108)**, 1 Portion **Joghurtsauce (S. 110)**

Freitag, Mittagessen ▶ 1 Portion **Puten-Burger (S. 113)**, 1 Portion **Joghurtsauce (S. 110)**

Puten-Zucchini-Frikadellen mit Gemüseallerlei

Für 2 Portionen

Pro Portion:

602 kcal / 44,8 g KH / 46,2 g P / 24 g F

1 rote Zwiebel
Salz
300 g Brokkoli
200 g Süßkartoffeln
150 g TK-Erbsen
4 *Puten-Zucchini-Frikadellen (S. 106)*

1. Zwiebel abziehen, halbieren und in feine Scheiben schneiden.
2. Reichlich Wasser mit 1 Prise Salz in einem Topf erhitzen.
3. Brokkoli in Röschen teilen und waschen. Süßkartoffeln schälen, waschen und klein schneiden. Brokkoli, Süßkartoffeln und Erbsen in das Wasser geben und 3–5 Minuten köcheln lassen. In der Zwischenzeit eine große Schüssel mit Eiswasser vorbereiten. Gemüse nach der Kochzeit sofort mit einem Schaumlöffel abschöpfen und im Eiswasser erkalten lassen. Nach 3 Minuten in ein Sieb abgießen und abtropfen lassen.
4. Gemüse und Zwiebelscheiben auf 2 Behälter verteilen und jeweils 2 Puten-Zucchini-Frikadellen dazugeben.

Tipps und Aufbewahrung:

Im Kühlschrank bis zu 5 Tage haltbar.

► **Puten-Zucchini-Frikadellen mit Gemüseallerlei sind für folgende Mahlzeiten geplant (siehe Wochenplan 5 ab S. 95):** Montag, Abendessen, und Mittwoch, Mittagessen, mit jeweils 1 Portion **Joghurtsauce (S. 110)**

Joghurtsauce

Für 7 Portionen
Pro Portion (ca. 80 g):
158 kcal / 4,8 g KH / 11,3 g P / 9,9 g F

1 Knoblauchzehe
500 g Griechischer Sahnejoghurt Natur (10 % Fett)
Salz, Pfeffer
Kräutersalz
4 EL Essig, z. B. Balsamico bianco
2 EL Öl, z .B. Olivenöl
2 TL getr. Kräuter, z. B. Basilikum, Dill oder Petersilie
1 Glas mit mind. 650 ml Fassungsvermögen

1. Knoblauchzehe abziehen und fein hacken.
2. Alle Zutaten in eine Schüssel geben und gut verrühren.

Tipps und Aufbewahrung:

Im Kühlschrank mindestens 7 Tage haltbar. Vor Gebrauch Behälter schütteln oder Sauce nochmals durchrühren. Die Sauce immer mit einem sauberen Löffel entnehmen oder ausgießen, damit die Haltbarkeit nicht beeinträchtigt wird.

Folgende Mahlzeiten werden damit erstellt (siehe Wochenplan 5 ab S. 95):
Montag, Abendessen ► 1 Portion Joghurtsauce, **1 Portion Puten-Zucchini-Frikadellen mit Gemüseallerlei (S. 108**)
Dienstag, Mittagessen ► 1 Portion Joghurtsauce, 1 Portion **Blumenkohl-Nuggets (S. 112)**
Mittwoch, Mittagessen ► 1 Portion Joghurtsauce, 1 Portion **Puten-Zucchini-Frikadellen mit Gemüseallerlei (S. 108)**
Mittwoch, Abendessen ► 1 Portion **Regenbogensalat im Glas (S. 114)**, 1 Vollkornbrötchen
Donnerstag, Mittagessen ► 1 Portion Joghurtsauce, 1 Portion **Blumenkohl-Nuggets (S. 112)**
Freitag, Mittagessen ► 1 Portion Joghurtsauce, 1 **Puten-Burger (S. 113)**
Freitag, Abendessen ► 1 Portion **Regenbogensalat im Glas (S. 114)**, 1 Vollkornbrötchen

Blumenkohl-Nuggets

Für 2 Portionen / ca. 12 Stück
Pro Portion:
513 kcal / 27,9 g KH / 40,9 g P / 25,6 g F

500 g Blumenkohl
150 g Parmesan, gerieben, oder anderer Reibekäse
2 Eier
5 EL Mehl, z. B. Dinkelmehl
1 TL getr. oder 1 EL frische Petersilie, gehackt
Salz, Pfeffer

1. Backofen auf 170 °C Umluft vorheizen.
2. Blumenkohl waschen, trocken tupfen und raspeln.
3. Alle Zutaten in eine Schüssel geben und gut vermengen. Falls der Teig noch zu klebrig ist, etwas mehr Mehl hinzufügen.
4. Mit befeuchteten Händen 12 kleine Bällchen formen und auf ein mit Backpapier ausgelegtes Backblech geben.
5. Im Backofen in 20–25 Minuten goldgelb backen.

Tipps und Aufbewahrung:

Im Kühlschrank bis zu 5 Tage haltbar. Dazu schmeckt Joghurtsauce, Kräuterquark oder Tomatensauce.

► **Blumenkohl-Nuggets sind zusammen mit jeweils 1 Portion Joghurtsauce (S. 110) für folgende Mahlzeiten geplant (siehe Wochenplan 5 ab S. 95):**
Dienstag und Donnerstag, Mittagessen

Puten-Burger

Für 1 Portion
Pro Portion:
419 kcal / 41,7 g KH / 21,5 g P / 19,2 g F

1 Salatblatt, z. B. Lollo rosso
1 Stück Zucchini
1 Tomate
1 Brötchen, z. B. Vollkornbrötchen oder Burger-Bun
1 *Puten-Zucchini-Frikadelle (S. 106)*

1. Salat, Zucchini und Tomate waschen und abtrocknen.
2. Zucchini der Länge nach in feine Streifen hobeln und Tomate in feine Scheiben schneiden.
3. Brötchen aufschneiden, Unterseite mit Salatblatt, einigen Tomatenscheiben, Puten-Zucchini-Frikadelle und Zucchinischeiben belegen. Brötchendeckel aufsetzen.
4. Dazu die restlichen Tomatenscheiben genießen.

Tipps und Aufbewahrung:

Burger erst kurz vor dem Verzehr zusammensetzen. Bis dahin Gemüse und Salat zusammen mit der Puten-Zucchini-Frikadelle in einem Behälter im Kühlschrank lagern. Innerhalb von 4 Tagen verbrauchen.

► **Puten-Burger ist zusammen mit 1 Portion Joghurtsauce für das Mittagessen am Freitag geplant (siehe Wochenplan 5, S. 96).**

Regenbogensalat im Glas

Für 2 Portionen
Pro Portion:
397 kcal / 36,8 g KH / 24,3 g P / 13,2 g F

Salz
150 g Brokkoliröschen
150 g TK-Erbsen
1 Karotte
1 rote Paprikaschote
1 gelbe Paprikaschote
1 rote Zwiebel
1 kleine Dose Mais (140 g Abtropfgewicht)
2 Portionen *Joghurtsauce (S. 110)*
2 Gläser oder Behälter mit einem Füllvermögen von mind. 600 ml

1. Gemüse waschen und abtrocknen.
2. Reichlich Wasser mit 1 Prise Salz in einem Topf zum Kochen bringen.
3. Brokkoli und Erbsen hinzufügen und 3–5 Minuten köcheln lassen. In der Zwischenzeit eine große Schüssel mit Eiswasser vorbereiten. Gemüse nach der Kochzeit sofort mit dem Schaumlöffel abschöpfen und im Eiswasser erkalten lassen. Nach 3 Minuten durch ein Sieb abgießen und gut abtropfen lassen.
4. Karotte raspeln.
5. Paprikaschoten entkernen, dann in kleine Würfel schneiden.
6. Zwiebel abziehen und in feine Scheiben schneiden. Mais in einem Sieb abtropfen lassen.
7. 2 Gläser jeweils zu gleichen Teilen mit roten Paprikawürfeln, Karottenraspeln, gelben Paprikawürfeln, Erbsen, Brokkoli, Zwiebelscheiben und Mais befüllen. Mit Deckeln verschließen.
8. Die Joghurtsauce erst am Tag des Verzehrs einfüllen.

Tipps und Aufbewahrung:

Im Kühlschrank bis zu 5 Tage haltbar. Joghurtsauce oder Dressing separat lagern. Man kann auch Erbsen aus der Dose verwenden und den Brokkoli roh belassen, dann entfallen Zubereitungsschritte 2 und 3.

► **Jeweils 1 Portion Regenbogensalat sind für Mittwoch und Freitag als Abendessen geplant (siehe Wochenplan 5, S. 96).**

WOCHENPLAN 6

Samstag Einkauf der Lebensmittel nach Bedarfsliste (S. 119)
Sonntag Meal-Prep-Tag

	Frühstück	**Mittagessen**	**Abendessen**
Montag	4 **Pancakes (S. 122)**, 100 g Heidelbeeren, 1 TL Ahornsirup 	1 Portion **Hähnchen-Bolognese-Sauce (S. 130)**, 1 Portion **Zucchini-Paprika-Mix (S. 129)** 	1 Portion **Gemüsereissalat (S. 128)**, 1 Baguette-Brötchen 
1602 kcal	417 kcal	589 kcal	596 kcal
Dienstag	4 **Pancakes (S. 122)**, 100 g Heidelbeeren, 1 TL Ahornsirup 	1 Portion **Gemüsereis (S. 123)**, 1 Portion **Veggie-Bällchen (S. 126)**, 1 Portion **Tomatensauce (S. 39)** 	1 Portion **Zucchini-Paprika-Mix (S. 129)**, 1 Baguette-Brötchen 
1205 kcal	417 kcal	476 kcal	312 kcal
Mittwoch	1 Portion **Overnight Oats mit gemischten Beeren (S. 124)** 	ca. 200 g gegarte Vollkornspaghetti (80 g trocken), 1 Portion **Hähnchen-Bolognese-Sauce (S. 130)** 	1 Portion **Erbsensuppe mit Schafskäse (S. 134)** 
1508 kcal	391 kcal	767 kcal	350 kcal

Donnerstag	1 Portion **Overnight Oats mit gemischten Beeren (S. 124)**	ca. 200 g gegarte Vollkornspaghetti (80 g trocken), 1 Portion **Veggie-Bällchen (S. 126)**, 1 Portion **Tomatensauce (S. 39)**	1 Portion **Grüne-Bohnen-Walnuss-Salat (S. 132)**

1445 kcal	391 kcal	616 kcal	438 kcal
Freitag	1 Portion **Overnight Oats Banane-Heidelbeer (S. 124)**	ca. 160 g gekochter Naturreis (60 g trocken), 1 Portion **Veggie-Bällchen (S. 126)**, 1 Portion **Tomatensauce (S. 39)**	1 Portion **Erbsensuppe mit Schafskäse (S. 134)**

1324 kcal	483 kcal	491 kcal	350 kcal

Hinweise zu Wochenplan 6:

Overnight Oats

Für die Overnight Oats kann man die Trockenmischung am Meal-Prep-Tag anlegen und dann die Flüssigkeit immer am Abend vorher hinzufügen. Alternativ kann man sie auch für bis zu 3 Tage vollständig vorbereiten. In diesem Wochenplan sollte man dann am Dienstagabend die 3 Overnight-Varianten für das Frühstück von Mittwoch bis Freitag zusammenstellen.

Tomatensauce

Für die Gerichte in dieser Woche das Rezept Tomatensauce (S. 39) einmal (5 Portionen) vorbereiten. Die Zutaten sind in der Bedarfsliste auf S. 119 bereits enthalten.

Folgende Mahlzeiten werden damit erstellt:

Montag, Mittagessen ▶ 2 Portionen Tomatensauce für die **Hähnchen-Bolognese-Sauce (S. 130)**, 1 Portion **Zucchini-Paprika-Mix (S. 129)**

Dienstag, Mittagessen ▶ 1 Portion Tomatensauce, 1 Portion **Gemüsereis (S. 123)**, 1 Portion **Veggie-Bällchen (S. 126)**

Donnerstag, Mittagessen ▶ 1 Portion Tomatensauce, ca. 200 g Vollkornspaghetti gegart (80 g trocken), 1 Portion **Veggie-Bällchen (S. 126)**

Freitag, Mittagessen ▶ 1 Portion Tomatensauce, ca. 160 g Naturreis gekocht (60 g roh), 1 Portion **Veggie-Bällchen (S. 126)**

Für die Gerichte der Woche werden am Meal-Prep-Tag (siehe S. 120) gekocht:

Nudeln

160 g Vollkornspaghetti (ergeben ca. 400 g gegart) – für das Mittagessen am Mittwoch und Donnerstag

Reis

180 g Naturreis (ergeben ca. 510 g gegart) – für Gemüsereis (S. 123), Veggie-Bällchen (S. 126) und das Mittagessen am Freitag

BEDARFSLISTE

- ☐ 150 g gemischte Beeren, z. B. Himbeeren, Erdbeeren, Heidelbeeren
- ☐ 250 g Heidelbeeren
- ☐ 1 Banane
- ☐ 3 rote Paprikaschoten
- ☐ 1 Zucchini (ca. 300 g)
- ☐ 2 Zwiebeln + 1 kleine Zwiebel
- ☐ 1 Knoblauchzehe
- ☐ 1 kleines Bund frisches Basilikum
- ☐ 1 kleines Bund frischer Thymian + 1 Stängel frischer Thymian oder Kräuter nach Belieben, z. B. Basilikum
- ☐ 400 g Hähnchenhackfleisch
- ☐ 2 Baguette-Brötchen
- ☐ 250 g Skyr Natur (0,2 % Fett)
- ☐ 1 Kugel Mozzarella (45 % Fett i. Tr., 125 g Abtropfgewicht)
- ☐ 600 ml Milch (1,5 % Fett) oder ungesüßte Mandelmilch
- ☐ 1 Packung Schafskäse (45 % Fett, 180 g)
- ☐ 2 Eier
- ☐ 400 g grüne TK-Bohnen
- ☐ 360 g TK-Erbsen
- ☐ 500 g passierte Tomaten
- ☐ 400 g gehackte Tomaten in Tomatensaft aus der Dose
- ☐ 100 g Tomatenmark
- ☐ 255 g Kidneybohnen aus der Dose (Abtropfgewicht)
- ☐ 1 kleine Dose Mais (140 g Abtropfgewicht)
- ☐ 150 g zarte Haferflocken
- ☐ 160 g Vollkornspaghetti (ergeben ca. 400 g gegart)
- ☐ 180 g Naturreis (ergeben ca. 510 g gekocht)
- ☐ 100 g Mehl, z. B. Dinkelmehl
- ☐ 3 TL Saaten nach Belieben, z. B. Chiasamen, Leinsamen + 2 EL Leinsamen (optional)
- ☐ 20 g Walnüsse
- ☐ 1 TL Backpulver
- ☐ 2 TL Ahornsirup
- ☐ 3 Prisen Erythrit + 1–2 TL Erythrit oder Streusüße nach Belieben
- ☐ 1 Prise Vanillepulver
- ☐ Salz, Pfeffer
- ☐ Kräutersalz
- ☐ 1 ½ TL Paprikapulver edelsüß
- ☐ 3 Msp. Chiliflocken (optional)
- ☐ ¼ TL gemahlener Kreuzkümmel
- ☐ ¼ TL gemahlene Muskatnuss
- ☐ 1 geh. EL getr. Oregano
- ☐ 550 ml Gemüsebrühe
- ☐ 4 EL Essig
- ☐ 5 EL Öl, z. B. Olivenöl
- ☐ 1 TL Öl, z. B. Kokosöl oder Olivenöl

MEAL-PREP-TAG IM ZEITLICHEN ÜBERBLICK

Meal Prep-Zeit für Wochenplan 1: ca. 1 Stunde 55 Minuten (ohne Abkühlzeit)

Vorbereitende Arbeiten:
Die Vorbereitung ist für alle gedacht, die den gesamten Wochenplan so übernehmen möchten. Die hier genannten Verarbeitungsschritte werden auch in den jeweiligen Rezepten beschrieben, sodass Sie bei Bedarf jedes Gericht außerhalb Ihres Ernährungsplans kochen und eigene Wochenpläne zusammenstellen können.

10 Minuten
Obst, Gemüse und Salat vorbereiten:
Obst und Gemüse waschen und abtrocknen.
Salat waschen und trocken schütteln oder trocken schleudern.

Diese Arbeiten werden parallel ausgeführt:

50 Minuten		
Veggie-Bällchen (S. 126) und **Zucchini-Paprika-Mix (S. 129)** vorbereiten und beides gleichzeitig bei 170 °C Umluft 25–30 Minuten im Ofen backen.	180 g Naturreis nach Packungsanleitung zubereiten (ergeben ca. 510 g gegart). **Tomatensauce (S. 39)** anrühren. **Grüne-Bohnen-Walnuss-Salat (S. 132)** zubereiten.	**Erbsensuppe (S. 134)** kochen.
20 Minuten		
Pancakes (S. 122) ausbacken.	**Overnight-Oats-Grundmischungen (S. 124)** vorbereiten.	160 g Vollkornspaghetti nach Packungsanleitung kochen (ergeben ca. 400 g gegart).
25 Minuten		
Erst **Gemüsereis (S. 123)**, dann **Gemüsereissalat (S. 128)** zubereiten.	**Hähnchen-Bolognese-Sauce (S. 130)** kochen.	

Alle zubereiteten Speisen abkühlen lassen!

10 Minuten
Portionieren der Gerichte:
Folgende Gerichte bereits portionsweise in Behältern zusammenstellen (bitte beachten Sie dazu die Bilder von Wochenplan 6 ab S. 116) und in den Kühlschrank geben bzw. evtl. einfrieren (bitte beachten Sie die Hinweise zu den Aufbewahrungsmöglichkeiten bei den einzelnen Rezepten):

- **Für Montag, Mittagessen**: 1 Portion Hähnchen-Bolognese-Sauce (S. 130) mit 1 Portion Zucchini-Paprika-Mix (S. 129)

- **Für Dienstag, Mittagessen**: 1 Portion Gemüsereis (S. 123), 1 Portion Veggie-Bällchen (S. 126), 1 Portion Tomatensauce (S. 39)

- **Für Mittwoch, Mittagessen**: ca. 200g gegarte (80g trocken) Vollkornspaghetti, 1 Portion Hähnchen-Bolognese-Sauce (S. 130)

- **Für Donnerstag, Mittagessen**: ca. 200g gegarte (80g trocken) Vollkornspaghetti, 1 Portion Veggie-Bällchen (S. 126), 1 Portion Tomatensauce (S. 39)

- **Für Freitag, Mittagessen**: ca. 160g gekochter Naturreis (60g trocken), 1 Portion Veggie-Bällchen (S. 126), 1 Portion Tomatensauce (S. 39)

Nun alle zubereiteten Speisen in den Kühlschrank bzw. falls gefriergeeignet in den Gefrierschrank geben (für die Gerichte ab Tag 3 bei gefriergeeigneten Mahlzeiten empfohlen).

Pancakes

Für 2 Portionen / 8 Stück
Pro Portion:
350 kcal / 26,1 g P / 41,7 g KH / 8,5 g F

250 g Skyr Natur (0,2 % Fett)
2 Eier
1 Prise Erythrit
1 Prise Salz
1 Prise Vanillepulver
100 g Mehl, z. B. Dinkelmehl
1 TL Backpulver
1 TL Öl, z. B. Kokosöl oder Olivenöl

1. Skyr, Eier, Erythrit, Salz und Vanille in einer Schüssel gut mit dem Schneebesen verrühren.
2. Dann Mehl und Backpulver hinzufügen und zu einem flüssigen Teig vermengen.
3. Öl in einer Pfanne erhitzen, mit einem Löffel Teigkleckse in die Pfanne setzen. Wenn der Teig Blasen wirft, die Pancakes wenden und auf der anderen Seite fertig backen. Vorgang so lange wiederholen, bis der Teig komplett aufgebraucht ist, das ergibt 8 Pancakes.

Tipps und Aufbewahrung:

Im Kühlschrank bis zu 5 Tage haltbar.
Dazu schmecken z. B. Beeren, Apfelmus oder 1 TL flüssige Süße wie Ahornsirup und Marmelade.
Zum Einfrieren geeignet. Dazu am besten Backpapier oder Frischhaltefolie zwischen die Pancakes legen, dann kann man sie gut einzeln entnehmen.

▶ Jeweils 1 Portion Pancakes, 100 g Heidelbeeren und 1 TL Ahornsirup sind für das Frühstück am Montag und Dienstag geplant (siehe Wochenplan 6, S. 116).

Gemüsereis

Für 3 Portionen
Pro Portion:
164 kcal / 34 g KH / 5,7 g P / 1,6 g F

Salz
120 g grüne TK-Bohnen
80 g TK-Erbsen
1 rote Paprikaschote
ca. 290 g gegarter Naturreis (100 g trocken)
40 g Mais aus der Dose
Pfeffer
Kräutersalz

1. Reichlich Wasser mit 1 Prise Salz in einem Topf zum Kochen bringen.
2. Bohnen und Erbsen hinzufügen und 3–5 Minuten köcheln lassen. In der Zwischenzeit eine große Schüssel mit Eiswasser vorbereiten. Gemüse nach der Kochzeit sofort mit dem Schaumlöffel abschöpfen und im Eiswasser erkalten lassen. Nach ca. 3 Minuten in ein Sieb abgießen und gut abtropfen lassen.
3. Paprika waschen, entkernen und in Streifen oder Stücke schneiden.
4. Alle Zutaten in einer Schüssel vermischen und mit den Gewürzen abschmecken.

Tipps und Aufbewahrung:

Im Kühlschrank bis zu 4 Tage haltbar. Zum Einfrieren geeignet.
Man kann auch fertig gekochte Bohnen und Erbsen aus dem Glas oder der Dose verwenden, dann geht's noch etwas schneller. Dabei entfallen die Zubereitungsschritte 1 und 2.

Folgende Mahlzeiten werden damit erstellt (siehe Wochenplan 6, S. 116):
Montag, Abendessen ▶ 1 Portion **Gemüsereissalat (S. 128)**
Dienstag, Mittagessen ▶ 1 Portion Gemüsereis, 1 Portion **Veggie-Bällchen (S. 126)**, 1 Portion **Tomatensauce (S. 39)**

Overnight Oats

Für 3 Portionen in unterschiedlichen Varianten
Pro Portion:
Gemischte Beeren: 391 kcal / 45,1 g KH / 16,5 g P / 13,8 g F
Banane-Heidelbeer: 483 kcal / 65,3 g KH / 17,1 g P / 13,9 g F

150 g zarte Haferflocken
3 TL Saaten nach Belieben, z. B. Chiasamen, Leinsamen
1–2 TL Erythrit oder Streusüße nach Belieben
600 ml Milch (1,5 % Fett) oder ungesüßte Mandelmilch
150 g gemischte Beeren, z. B. Himbeeren, Erdbeeren, Heidelbeeren
50 g Heidelbeeren
1 Banane
3 Schraubgläser mit einem Fassungsvermögen von ca. 500 ml

1. Haferflocken, Saaten und Erythrit in einer Schüssel vermischen und zu gleichen Teilen in die Einmachgläser füllen.
2. Am Tag vor dem Verzehr jeweils 200 ml Milch einfüllen und mit einem Löffel gut verrühren. In den Kühlschrank stellen.
3. Für die Variante mit gemischten Beeren (2 Gläser): Am Verzehrtag Beeren waschen und abtrocknen. Overnight Oats jeweils mit der Hälfte der gemischten Beeren belegen. Für die Banane-Heidelbeer-Variante die Heidelbeeren waschen, Banane schälen und in Scheiben schneiden. Einige Scheiben mit der Gabel etwas zerdrücken und unter die Overnight Oats mischen. Mit den restlichen Bananenscheiben und den Heidelbeeren belegen.

Tipps und Aufbewahrung:

Fertig angerührt sind die Overnight Oats im Kühlschrank bis zu 3 Tage haltbar. Man kann auch TK-Beeren verwenden. Diese dann am Vorabend beim Verrühren der Oats-Grundmischung mit Milch einfach daraufgeben. Am nächsten Morgen alles gut vermischen.

Folgende Mahlzeiten werden damit erstellt (siehe Wochenplan 6 ab S. 116):
Mittwoch und Donnerstag, Frühstück ► Jeweils 1 Portion Overnight Oats mit gemischten Beeren
Freitag, Frühstück ► 1 Portion **Overnight Oats Banane-Heidelbeer**

Veggie-Bällchen

Für 3 Portionen / 21 Bällchen
Pro Portion:
251 kcal / 21,4 g KH / 17,3 g P / 9,2 g F

1 Dose Kidneybohnen (255 g Abtropfgewicht)
100 g Mais aus der Dose (Abtropfgewicht)
1 Zwiebel
1 Kugel Mozzarella (45 % Fett i. Tr., 125 g Abtropfgewicht)
60 g gekochter Naturreis (20 g trocken)
1 kleines Bund frisches Basilikum
1 kleines Bund frischer Thymian
1 gestr. TL Paprikapulver edelsüß
2 Msp. Chiliflocken
¼ TL gem. Kreuzkümmel
¼ TL gem. Muskatnuss
Salz, Pfeffer

1. Backofen auf 170 °C Umluft vorheizen.
2. Kidneybohnen in ein Sieb geben und unter fließendem Wasser spülen. Dann gut abtropfen lassen, in eine Schüssel geben und mit einem Stabmixer grob zerkleinern. Mais in einem Sieb abtropfen lassen und unter die Kidneybohnenmasse mengen.
3. Zwiebel abziehen, Mozzarella abtropfen lassen und beides klein würfeln, mitsamt dem Naturreis unter die Bohnen-Mais-Masse mischen.
4. Basilikum und Thymian waschen, trocken schütteln, die Blätter abzupfen, grob hacken und untermischen. Gewürze hinzufügen und Masse mit Salz und Pfeffer abschmecken.
5. Mit feuchten Händen aus dem Teig 21 kleine Pattys formen und auf ein mit Backpapier ausgelegtes Backblech geben.
6. Auf mittlerer Schiene ca. 25–30 Minuten im Ofen backen. Nach der Hälfte der Backzeit vorsichtig wenden. Nach Ende der Backzeit Pattys kurz auskühlen lassen, dann zu Bällchen formen. Alternativ Pattyform belassen.

Tipps und Aufbewahrung:

Im Kühlschrank bis zu 5 Tage haltbar. Zum Einfrieren geeignet. Dazu am besten in einen Gefrierbehälter geben und jede Lage z. B. mit Backpapier abtrennen, dann kann man die Bällchen später einzeln entnehmen.

Folgende Mahlzeiten werden damit erstellt (siehe Wochenplan 6 ab S. 116):
Dienstag, Mittagessen ▶ 1 Portion Veggie-Bällchen, 1 Portion **Gemüsereis (S. 123)**, 1 Portion **Tomatensauce (S. 39)**
Donnerstag, Mittagessen ▶ 1 Portion Veggie-Bällchen, ca. 110 g gegarte Vollkornspaghetti (ca. 50 g trocken), 1 Portion **Tomatensauce (S. 39)**
Freitag, Mittagessen ▶ 1 Portion Veggie-Bällchen, ca. 160 g gekochter Naturreis (60 g trocken), 1 Portion **Tomatensauce (S. 39)**

Gemüsereissalat

Für 1 Portion
Pro Portion:
410kcal / 34g KH / 5,7g P / 10,7g F

2 Portionen *Gemüsereis (S. 123)*
2 EL Essig
1 EL Öl, z. B. Olivenöl
1 Prise Erythrit
Salz, Pfeffer

1. Gemüsereis in einer Schüssel mit Essig, Öl und Erythrit zu einem Reissalat vermischen.
2. Mit Salz und Pfeffer abschmecken.

Tipps und Aufbewahrung:

Im Kühlschrank bis zu 4 Tage haltbar.

► **Gemüsereissalat ist am Montag als Abendessen geplant (siehe Wochenplan 6, S. 116).**

Zucchini-Paprika-Mix

Für 2 Portionen
Pro Portion:
126 kcal / 12,6 g KH / 4,3 g P / 6 g F

- 2 rote Paprikaschoten
- 1 Zucchini (ca. 300 g)
- 1 EL Öl, z. B. Olivenöl + etwas mehr zum Fetten der Auflaufform
- 1 Msp. Chiliflocken (optional)
- Salz, Pfeffer
- 100 ml Gemüsebrühe
- 1 Stängel frischer Thymian oder Kräuter nach Belieben, z. B. Basilikum
- 1 kleine Auflaufform (mind. ca. 750 ml Füllmenge)

1. Backofen auf 170 °C Umluft vorheizen.
2. Paprikaschoten und Zucchini waschen und abtrocknen. Paprikaschoten entkernen und in dünne Streifen oder Stücke schneiden. Zucchini in Scheiben schneiden und halbieren oder in kleinere Stücke zerteilen.
3. Gemüsestücke in der gefetteten Auflaufform verteilen, Öl darüberträufeln und untermischen, alles würzen und die Gemüsebrühe angießen.
4. Kräuter waschen, trocken schütteln und klein hacken, dann unter das Gemüse mischen.
5. Auflauf im Ofen 25–30 Minuten garen.

Tipps und Aufbewahrung:

Im Kühlschrank bis zu 4 Tage haltbar. Zum Einfrieren geeignet.

Folgende Mahlzeiten werden damit erstellt (siehe Wochenplan 6 ab S. 116):
Montag, Mittagessen ► 1 Portion Zucchini-Paprika-Mix, 1 Portion **Hähnchen-Bolognese-Sauce (S. 130)**
Dienstag, Abendessen ► 1 Portion Zucchini-Paprika-Mix, 1 Baguette-Brötchen

Hähnchen-Bolognese-Sauce

Für 2 Portionen
Pro Portion:
463 kcal / 22,7 g KH / 42,5 g P / 21,3 g F

1 Zwiebel
1 EL Öl, z. B. Olivenöl
400 g Hähnchenhackfleisch
2 Portionen *Tomatensauce (S. 39)*
½ TL Paprikapulver edelsüß
Salz, Pfeffer

1. Zwiebel abziehen und klein würfeln. Öl in einer Pfanne erhitzen und Zwiebel darin andünsten.
2. Hähnchenhackfleisch zufügen und krümelig braten.
3. Tomatensauce untermischen, Hitze reduzieren, einen Deckel auflegen und Sauce ca. 10 Minuten einköcheln lassen. Mit Paprikapulver, Salz und Pfeffer abschmecken.

Tipps und Aufbewahrung:

Im Kühlschrank bis zu 5 Tage haltbar. Zum Einfrieren geeignet.

Folgende Mahlzeiten werden damit erstellt (siehe Wochenplan 6, S. 116):

Montag, Mittagessen ▶ 1 Portion Hähnchen-Bolognese-Sauce, 1 Portion **Zucchini-Paprika-Mix (S. 129)**

Mittwoch, Mittagessen ▶ 1 Portion Hähnchen-Bolognese-Sauce, ca. 200 g gegarte Vollkornspaghetti (80 g trocken)

Grüne-Bohnen-Walnuss-Salat

Für 1 Portion
Pro Portion:
438 kcal / 5,1 g KH / 18,6 g P / 37 g F

Salz
280 g grüne TK-Bohnen
80 g Schafskäse, leicht (9 % Fett)
20 g Walnüsse
2 EL Essig
1 EL Öl, z. B. Olivenöl
1 Prise Erythrit
Pfeffer

1. Reichlich Wasser mit 1 Prise Salz in einem Topf zum Kochen bringen.
2. Bohnen zugeben und 2–3 Minuten köcheln lassen. In der Zwischenzeit eine große Schüssel mit Eiswasser vorbereiten. Bohnen nach der Kochzeit sofort mit dem Schaumlöffel abschöpfen und im Eiswasser erkalten lassen. Nach ca. 3 Minuten in ein Sieb abgießen und gut abtropfen lassen.
3. Schafskäse zerkrümeln. Walnusshälften bei Bedarf zerkleinern und beides mit den Bohnen in einen Behälter geben.
4. Die restlichen Zutaten untermischen und mit Salz und Pfeffer abschmecken.

Tipps und Aufbewahrung:

Im Kühlschrank bis zu 5 Tage haltbar.

► **Grüne-Bohnen-Walnuss-Salat ist am Donnerstag als Abendessen geplant (siehe Wochenplan 6, S. 117).**

Erbsensuppe mit Schafskäse

Für 2 Portionen
Pro Portion:
350 kcal / 16,1 g KH / 20,6 g P / 20,1 g F

1 kleine Zwiebel
1 EL Öl, z. B. Olivenöl
280 g TK-Erbsen
450 ml Gemüsebrühe
Salz, Pfeffer
100 g Schafskäse (45 % Fett)
2 EL Leinsamen (optional)
2 Einmachgläser mit Füllvermögen von mind. 500 ml

1. Zwiebel abziehen und klein hacken.
2. Öl in einem Topf erhitzen und Zwiebel darin glasig dünsten.
3. Erbsen und Gemüsebrühe hinzufügen und 10–15 Minuten köcheln lassen.
4. Wenn die Erbsen ganz weich sind, alles mit dem Stabmixer pürieren und mit Salz und Pfeffer abschmecken. Dann Suppe gleichmäßig in 2 verschließbare Einmachgläser füllen.
5. Am Verzehrtag pro Portion jeweils 50 g Schafskäse über die Suppe bröckeln und jeweils 1 EL Leinsamen darüberstreuen.

Tipps und Aufbewahrung:

Die noch heiße Erbsensuppe (ohne Schafskäse und Leinsamen) in 2 Gläser umfüllen und dann abkühlen lassen. Verschlossen aufbewahrt ist sie im Kühlschrank bis zu 8 Tage haltbar.
Anstatt Schafskäse kann man z. B. auch Mozzarella verwenden.

► **Erbsensuppe mit Schafskäse ist am Mittwoch und Freitag als Abendessen geplant (siehe Wochenplan 6 ab S. 116).**

ZUSATZREZEPTE UND KOMBI-IDEEN

Gebackene Kartoffelspalten

Für 3 Portionen
Pro Portion:
173 kcal / 3,3 g P / 24,3 g KH / 6,2 g F

500 g festkochende Kartoffeln
2 EL Öl, z. B. Olivenöl
Salz, Pfeffer
Paprikapulver edelsüß und rosenscharf
1 Zweig Rosmarin

1. Backofen auf 170 °C Umluft vorheizen.
2. Kartoffeln waschen, schälen und in Spalten schneiden.
3. Kartoffeln in einer Schüssel mit Öl, Gewürzen und Rosmarinzweig vermischen.
4. Auf einem mit Backpapier ausgelegten Backblech oder in einer Auflaufform verteilen und 30–35 Minuten im Ofen backen.

Tipps und Aufbewahrung:

Im Kühlschrank bis zu 5 Tage haltbar. Zum Einfrieren geeignet.
Dazu schmeckt Kräuterquark oder Tomatensauce.
Gebackene Kartoffelspalten kann man ideal mit der Zubereitung der **Hackbällchen vom Blech (S. 38)** kombinieren.

Kräuterquark

Für 3 Portionen
Pro Portion:
199 kcal / 9,2 g KH / 23,7 g P / 7 g F

1 Bund Schnittlauch
1 kleine Knoblauchzehe
500 g Magerquark (0,2 % Fett)
100 g Griechischer Sahnejoghurt Natur (bis 0,2 % Fett)
Salz, Pfeffer

1. Schnittlauch waschen und trocken schütteln. Knoblauch abziehen und beides fein hacken.
2. Quark und Joghurt in einer Schüssel cremig rühren und Schnittlauch und Knoblauch untermischen.
3. Mit Salz und Pfeffer abschmecken.

Tipps und Aufbewahrung:

In ein Schraubglas füllen und im Kühlschrank lagern. Bis zu 5 Tage haltbar. Ideal als Dip beispielsweise für Gemüsestifte oder Selleriestangen.

Lachs-Gemüse-Reis-Bowl

Für 2 Portionen
Pro Portion:
459 kcal / 47,5 g KH / 22,9 g P / 19,4 g F

90 g Reis trocken (ergibt ca. 250 g gegart)
1 Karotte
1 Stück Salatgurke (ca. 150 g)
4 Radieschen
1 Stück Rotkohl
1 kleine Avocado (Fruchtfleisch ca. 120 g)
1 Dose dicke Bohnen (215 g Abtropfgewicht)
120 g Stremellachs oder geräucherter Lachs
2 TL Zitronensaft
½ TL schwarze und helle Sesamsamen zum Bestreuen (optional)

1. Reis nach Packungsanleitung zubereiten.
2. Gemüse waschen und abtrocknen.
3. Karotte raspeln. Salatgurke, Radieschen und Rotkohl hobeln oder in dünne Scheiben schneiden.
4. Avocado schälen, entkernen und das Fruchtfleisch in Stücke schneiden.
5. Erst Reis, dann das vorbereitete Gemüse, Avocado, abgetropfte Bohnen und Lachs jeweils zu gleichen Teilen auf 2 Behälter verteilen. Jeweils 1 TL Zitronensaft über die Avocado träufeln.
6. Mit Sesamsamen bestreuen.

Tipps und Aufbewahrung:

Im Kühlschrank lagern (ohne Dressing) und innerhalb von 3 Tagen verzehren. Anstatt Reis kann man auch Quinoa verwenden. Die Zubereitung lässt sich sehr gut mit dem **Rotkohl-Karotten-Salat (S. 138)** zusammenlegen. Dazu schmeckt die **Kräuter-Vinaigrette (S. 31)** oder einfach etwas Sojasauce. Dressing oder Sojasauce erst kurz vor dem Verzehr hinzufügen.

Rotkohl-Karotten-Salat

Für 2 Portionen
Pro Portion:
157 kcal / 16,5 g KH / 4,7 g P / 5,3 g F

400 g Rotkohl
300 g Karotten
1 Schalotte
Saft von 1 Limette
1 EL Öl, z. B. Olivenöl
1 TL Honig
Salz, Pfeffer

1. Rotkohl waschen und dünn hobeln.
2. Karotten waschen und grob raspeln.
3. Schalotte abziehen und klein hacken.
4. Alle Zutaten in eine Schüssel geben und vermischen.
5. Mit Salz und Pfeffer würzen. Mindestens 1 Stunde durchziehen lassen.

Tipps und Aufbewahrung:

Im Kühlschrank bis zu 5 Tage haltbar. Die Zubereitung lässt sich sehr gut mit der **Lachs-Gemüse-Reis-Bowl (S. 137)** kombinieren.

Quinoa-Porridge

Für 1 Portion
Pro Portion:
268 kcal / 40,5 g KH / 11,8 g P / 7,3 g F

125 ml Wasser
1 Prise Vanillepulver
100 ml Milch (1,5 % Fett)
60 g Quinoaflocken
1 TL Honig
Obst nach Belieben, z. B. Erdbeeren und Banane

1. Wasser und Vanillepulver mit der Milch in einen Topf geben und erwärmen.
2. Quinoaflocken und Honig hinzufügen, unter Rühren aufkochen und dann bei schwacher Hitze ca. 5 Minuten eindicken lassen.

Tipps und Aufbewahrung:

Im Kühlschrank bis zu 3 Tage haltbar.

Omelettrolle

Für 2 Portionen

Grundrezept Omelettrolle ohne Füllung
Pro Portion:
258 kcal / 12,3 g KH / 23,3 g P / 11,5 g F

Omelettrolle mit Schinken
Pro Portion:
372 kcal / 15,4 g KH / 36,3 g P / 17 g F

Omelettrolle mit Lachs
Pro Portion:
421 kcal / 12,4 g KH / 43,6 g P / 20,6 g F

500 g Zucchini
150 g Karotten
Salz
4 Eier
Pfeffer
Knoblauchpulver
100 g Skyr Natur (0,2 % Fett)
100 g gekochter Schinken ohne Fettrand
100 g geräucherter Lachs

1. Backofen auf 170 °C Umluft vorheizen.
2. Zucchini und Karotten waschen und abtrocknen. Beides raspeln, in eine Schüssel geben, salzen und etwa 10 Minuten ziehen lassen.
3. Gemüseraspel in ein sauberes Küchentuch geben und gut ausdrücken.
4. Eier in einer Schüssel mit dem Schneebesen verquirlen.
5. Gemüseraspel hinzufügen, gut vermengen und mit Salz, Pfeffer und Knoblauchpulver abschmecken.
6. Ein Backblech mit Backpapier auslegen und die Eiermasse auf der Hälfte zu einem Rechteck verstreichen. Etwa 20 Minuten im Ofen goldbraun backen.

7. Aus dem Ofen nehmen, Teig etwas abkühlen lassen und ein sauberes Küchentuch darauflegen. Anschließend Teig umdrehen und das Backpapier vorsichtig ablösen.
8. Teig mit Skyr bestreichen und eine Hälfte mit Schinken und die andere Hälfte mit Lachs belegen.
9. Zum Schluss zu einer festen Rolle aufrollen und in der Mitte durchschneiden. So erhält man 2 Varianten der Omelettrolle.

Tipps und Aufbewahrung:

Im Kühlschrank bis zu 3 Tage haltbar. Die Omelettrolle kann man beliebig füllen, z. B. mit Salat, Gemüsestücken, Hähnchenstreifen usw.

Schoko-Tassenkuchen

Für 1 Portion
Pro Portion:
165 kcal / 28,6 g KH / 4,1 g P / 2,4 g F

100 g reife Banane
1 EL Mehl, z. B. Weizenmehl
2 TL Kakao
½ TL Backpulver
1 TL Erythrit oder Süße nach Belieben

1. Banane schälen und in einer Schüssel mit der Gabel zerdrücken.
2. Alle Zutaten zugeben, vermischen und Teig in eine Tasse oder mikrowellengeeignete Form füllen.
3. Tassenkuchen auf höchster Stufe (z. B. 750 Watt) 2–3 Minuten in der Mikrowelle garen.

Tipps und Aufbewahrung:

Wenn man den Tassenkuchen morgens vorbereitet und dann nachmittags vor dem Verzehr nochmals kurz erwärmt, schmeckt er wie frisch zubereitet.
Im Kühlschrank (fertig zubereitet) bis zu 2 Tage haltbar. Mit frischen Beeren wie z. B. Heidelbeeren genießen.

Geröstete Kichererbsen

Für 4 Snackportionen
Pro Portion:
128 kcal / 10,7 g KH / 4,5 g P / 6,1 g F

1 kleine Dose Kichererbsen (285 g Abtropfgewicht)
2 EL Öl, z. B. Olivenöl
Salz, Pfeffer
Kräutersalz
Paprikapulver edelsüß und rosenscharf
Chilipulver

1. Backofen auf 180 °C Umluft vorheizen.
2. Kichererbsen in ein Sieb geben, unter fließendem Leitungswasser durchspülen und gut abtropfen lassen.
3. Kichererbsen auf Küchenkrepp verteilen und gut abtrocknen, dann werden sie schön knusprig.
4. In eine Schüssel füllen und mit Öl und Gewürzen vermischen. Auf einem mit Backpapier ausgelegten Backblech verteilen und 20–25 Minuten im Ofen rösten. Mindestens zweimal wenden, damit die Kichererbsen von allen Seiten geröstet werden.

Tipps und Aufbewahrung:

Im Kühlschrank bis zu 7 Tage haltbar.

Energiebällchen

Für 10 Stück
Pro Stück:
40 kcal / 5,3 g KH / 1,1 g P / 1,4 g F

60 g Datteln ohne Stein
2 TL Kakaopulver, ungesüßt
Vanillepulver
2 EL gemahlene Mandeln
2 EL Haferflocken

1. Datteln in einer Küchenmaschine grob zerkleinern.
2. Kakao, Vanille und Mandeln hinzufügen und vermengen.
3. Haferflocken zugeben und mit den Händen grob vermischen. Dann aus dem Teig 10 kleine Kugeln formen, in einen Behälter geben und im Kühlschrank lagern.

Tipps und Aufbewahrung:

Im Kühlschrank bis zu 7 Tage haltbar. Zum Einfrieren geeignet.
Man kann die Bällchen auch in Mandelsplittern oder Kokosflocken wälzen.

Cookies

Für 6 Stück
Pro Stück:
133 kcal / 23,4 g KH / 3,7 g P / 1,9 g F

1 reife Banane
100 g Apfelmark
1 TL Honig
150 g Haferflocken
1 TL getr. Früchte nach Belieben, z. B. Rosinen
1 Prise Vanillepulver

1. Backofen auf 170 °C Umluft vorheizen.
2. Banane schälen, in einer Schüssel mit der Gabel zerdrücken und mit den restlichen Zutaten vermischen. Aus dem Teig 6 Kekse formen, auf ein mit Backpapier ausgelegtes Backblech legen und im Ofen 20–25 Minuten backen.

Tipps und Aufbewahrung:

Im Kühlschrank bis zu 7 Tage haltbar. Zum Einfrieren geeignet.
Ideal auch als Frühstück to go oder zum Nachmittagskaffee.

CLEVERE SNACK-IDEEN

Hier finden Sie Anregungen für Snacks mit wenig Kalorien:

	kcal
1 Stangensellerie	10
100g Kirschtomaten	15
100g Blumenkohl	28
½ Salatgurke (ca. 200 g)	30
5 Mandeln	30
100g Brokkoli	34
1 Karotte, mittelgroß	39
1 Pfirsich, mittelgroß	47
100g Beeren, z.B. Erdbeeren, Himbeeren, Heidelbeeren	53
1 Paprikaschote, mittelgroß	55
1 Kiwi, mittelgroß	55
100g Skyr Natur (bis 0,2g Fett), z.B. mit Beeren	62
100g Mango	62
100g Kirschen	64
1 Nektarine, mittelgroß	69
1 Apfel, mittelgroß	70
1 Birne, mittelgroß	73
1 Ei, Größe M, gekocht	75
150g Griechischer Joghurt Natur (bis 0,2 % Fett), z.B. mit ½TL Erythrit und Apfel	78
100g Putenbrustaufschnitt	95
150g Magerquark	102
100g Hähnchenbrustaufschnitt	107
1 Portion Zucchininudeln mit Tomatensauce (S. 39)	108
100g gekochter Schinken	126

Tipp:

Aus gekochten Gemüseresten und Rohkostabschnitten (einfach etwas mehr Gemüse einkaufen und mit zubereiten) lassen sich in Kombination mit **Joghurtsauce (S. 110)** tolle Snackgläser zusammenstellen.

Weitere leckere Snack-Ideen finden Sie im Bonusbereich zum Buch unter **https://meal-prep-zuckerfrei.de**

REZEPTVERZEICHNIS MIT KALORIEN

Granola, Porridge, Overnight Oats

Muffins, Brot und Brötchen

Snacks und Smoothies

Dressings, Saucen, Aufstriche, Dips

Salate und Suppen

Mit Fleisch

Mit Geflügel

Mit Fisch

Süßspeisen

Gemüsegerichte

DANKSAGUNG

Diana vom Blog **www.schwarzgrueneszebra.de** teilt auf ihrer Seite jede Woche leckere Low-Carb-Gerichte. Nicht nur schnelle Gerichte für jeden Tag, sondern auch Außergewöhnliches für die besonderen Momente oder den süßen Zahn. Ihr Motto lautet: Geht nicht, gibt's nicht!

Es fehlt die Motivation, sich in die Küche zu stellen und etwas Gesundes zu kochen? Dass dem nicht so sein muss, beweist **Vanessa F.** Wie man schnelle und vor allem eiweißreiche Gerichte und Süßspeisen zubereitet, zeigt sie auf ihrem Instagram-Account **@vanessas.gymfood**.

ÜBER DIE AUTORIN

Veronika Pichl ist Autorin zahlreicher Kochbücher und Ratgeber. Mit ihren Büchern und ihrem Blog-Magazin »HappyFitFood – Gesunde Ernährung mit Fun-Faktor« möchte sie ihre Leser zu einem gesünderen und glücklicheren Leben inspirieren. Im riva Verlag sind bereits viele erfolgreiche Bücher von ihr erschienen. Sie lebt mit ihrem Mann und ihren beiden Kindern im schönen Mittelfranken. Mehr Infos zur Autorin und ihren Büchern finden Sie auf **www.veronikapichl.de**.

Im Blog-Magazin von Veronika Pichl auf **www.happyfitfood.de** erscheinen regelmäßig leckere Rezepte, darunter Meal-Prep- und Lunchbox-Ideen für Groß und Klein. Außerdem gibt es wissenswerte Beiträge, um mehr Bewegung in den Alltag zu bringen und Kilos zu verlieren, aber auch Tipps, um seine Ziele zu erreichen – für eine nachhaltige Lebensweise und mehr Zufriedenheit im Leben.

KOSTENLOSES BONUSMATERIAL ZUM BUCH

Auf **www.meal-prep-zuckerfrei.de** habe ich Ihnen umfangreiches Bonusmaterial zum Buch zusammengestellt.

Im kostenlosen Bonuspaket sind unter anderem enthalten:

- Wochenplan-Vorlage zum Ausfüllen für eigene Zusammenstellungen
- 2 weitere Bonuspläne zu den Rezepten aus diesem Buch
- Vorlagen für ein Ernährungstagebuch
- zuckerfreie Snack-Ideen
- zuckerfreie Lunchbox-Ideen

Viel Erfolg und herzliche Grüße
Veronika Pichl

ZUTATENREGISTER

Bildnachweis

Shutterstock.com:
S. 9: Ekaterina Kondratova; S. 10: beats1; S. 11: Lumixera; S. 12: Monkey Business Images; S. 13: Ulf Wittrock; S. 14 oben: Tarasenko16Dima; S: 14 unten: Artbox; S. 15 oben: ltummy; S. 15 unten: Oleksandra Naumenko; S. 16: BravissimoS; S. 17 oben: AnjelikaGr; S. 17 unten: Tatiana Vorona; S. 18: 3xy; S. 23: Amallia Eka, Ekaterina Kondratova, NoirChocolate, Beauty photographer; S. 24: Amallia Eka, Slatan, Ekaterina Kondratova, NoirChocolate, New Africa; S. 29: Amallia Eka; S. 30: Ekaterina Kondratova; S. 31: antmagn; S. 33 + S. 35 + S. 41: Ekaterina Kondratova; S. 37: NoirChocolate; S. 38: Vladyslav Lehir; S. 42: New Africa; S. 43: istetiana, Ekaterina Kondratova, Piotr Krzeslak, Irina Rostokina, NoirChocolate; S. 44: istetiana, Ekaterina Kondratova, Piotr Krzeslak, Iryna Pospikh, Irina Rostokina: S. 49: istetiana; S. 50: El ojo de Iris; S. 51: Nina Firsova; S. 53: Diana Sklarova; S. 55: Piotr Krzeslak; S. 56: Irina Rostokina; S. 57: NoirChocolate; S. 59: Iryna Pospikh; S. 60: Ekaterina Kondratova; S. 61: Prostock-Studio, Timolina, Artamonova Alla, Mariontxa, MShev; S. 62: Prostock-Studio, Mariontxa, gkrphoto, Nataliya Arzamasova, sasaken; S. 63: Prostock-Studio, Teresa Kasprzycka, nesavinov; S. 67: Nelli Syrotynska; S. 69: Timolina; S. 70: Mariontxa; S. 71: Artamonova Alla; S. 73: MSPhotographic; S. 75: nesavinov; S. 76: KucherAV, Prostock-Studio, Julie208, ZOLDATOFF, S. 77: KucherAV, Prostock-Studio, ZOLDATOFF; S. 78: KucherAV; S. 83: Julie208; S. 87: ZOLDATOFF; S. 88: Elena Veselova; S. 95: vanillaechoes, Ildi Papp, Kiian Oksana, New Africa, Nataliya Arzamasova; S. 96: vanillaechoes, Kiian Oksana, Liliya Kandrashevich, New Africa, Nataliya Arzamasova, Ildi Papp, Anastasia Izofatova, Timolina; Zoeytoja; S. 101: vanillaechoes; S. 103: New Africa, S. 104: Anastasia Izofatova; S. 105: Ildi Papp, S. 107: Irina Rostokina; S. 109: Kiian Oksana; S. 111: New Africa; S. 112: Nataliya Arzamasova; S. 113: Timolina; S. 115: Liliya Kandrashevich; S. 116: ILEISH ANNA, anmbph, Tanya_F, Irina Meliukh, BarthFotografie, S. 117: Irina Meliukh, OnlyZoia, JeniFoto, BarthFotografie; S. 122: Ekkaratk; S. 123: anmbph; S. 124: Irina Meliukh; S. 125: JeniFoto; S. 128: anmbph; S. 129: marco mayer; S. 131: Kiian Oksana; S. 133: OnlyZoia; S. 134: BarthFotografie; S. 135: Plateresca, AS Food studio; S. 136: HandmadePictures; S. 137–138: Ekaterina Kondratova; S. 139: Olga Miltsova; S. 142: Lapina Maria; S. 143: Svetlana Monyakova; S. 144: Anastasiia Moses; S. 145: AnnaGorbenko; S. 147: New Africa, Nataliia Leontieva;

Vanessa Faschingbauer, @vanessas.gymfood:
Bilder: S. 116, S. 117
Rezept + Bild: S. 39; S. 126–127

Diana Ruchser, schwarzgrueneszebra.de:
Bilder: S. 76, S. 77, S. 78, S. 155
Rezept + Bild: S. 84–85; S. 86; S. 89; S. 90–94; S. 140–141

Auch als **E-Book** erhältlich

160 Seiten
12,99 € (D) | 13,40 € (A)
ISBN 978-3-7423-0353-0

Veronika Pichl

Meal Prep – Gesunde Mahlzeiten vorbereiten, mitnehmen und Zeit sparen

Über 70 Rezepte und 10 Wochenpläne

Meal Prep bedeutet, dass man mit sinnvoller Planung Mahlzeiten für mehrere Tage oder die ganze Woche vorkocht oder vorbereitet, die man dann zur Arbeit oder in die Uni mitnehmen und natürlich auch abends zu Hause genießen kann. Durch clevere Wochen-, Tages- und Einkaufsplanung spart man Zeit und kauft nicht mehr spontan ungesundes Fast Food oder Snacks. Man weiß genau, was drin ist: gesunde, frische Zutaten ohne Geschmacksverstärker oder Zusätze. Und das Essen schmeckt lecker.

Das Buch enthält zahlreiche Rezepte, Wochenpläne und Einkaufslisten und erläutert, was Sie einfrieren können, wann die Lagerung in Kühlschrank oder Vorratskammer ausreicht, was Sie vorbereiten und die ganze Woche verwenden können. So gelingt es Ihnen, langweiliges und ungesundes Kantinenessen oder Fertiggerichte zu umgehen und sich mit wenig Aufwand leckeres Essen für mehrere Tage zuzubereiten.

riva

Auch als **E-Book** erhältlich

176 Seiten
15,00 € (D) | 15,50 € (A)
ISBN 978-3-7423-0700-2

Veronika Pichl

Meal Prep mit dem Thermomix®

Gesunde Mahlzeiten vorbereiten, mitnehmen und Zeit sparen

Während einer anstrengenden Arbeitswoche bleibt abends oft nicht genug Zeit, um frisch zu kochen. Mittags in der Kantine oder unterwegs findet man schwer etwas Gesundes. Hier hilft Ihnen der neue Trend Meal Prep. Dabei bereiten Sie für mehrere Tage leckere Gerichte vor. Diese können Sie praktisch portioniert mitnehmen und auf der Arbeit genießen, und auch nach Feierabend stehen sie schnell auf dem Tisch. Es genügt, an ein bis zwei Tagen pro Woche etwas Zeit in das Zusammenstellen der Mahlzeiten zu investieren – die Wochen-, Tages- und Einkaufsplanung nimmt Ihnen dieses Buch ab, das zahlreiche Rezepte und 10 Wochenpläne enthält. Und der Küchenhelfer Thermomix® unterstützt sie tatkräftig bei der Zubereitung der Gerichte.

riva